Recettes faciles de plats en
cocotte à la française

건강한 요리, 우아한 식탁

프랑스 가정식
찜요리

영양과 감칠맛이 살아 있는
프랑스식 찜요리 65

우에다 쥰코 지음   김진아 옮김

Introduction

찜기가 필요 없는 프랑스 찜 요리

'찜 요리는 귀찮을 것 같아 ….' 그렇게 생각하는 분들은 대개 '찜 요리에는 찜기나 찜통이 필요하다'라고 생각하는 것 같습니다. 확실히, 찜 요리 전용 냄비를 준비하는 것은 조금 번거로울 수도 있습니다.

그럼 늘 사용하는 프라이팬이나 냄비로 만들 수 있다면 어떨까요? 이 책에서 소개하는 찜 요리는 항상 갖추고 있는 프라이팬이나 냄비, 그리고 거기에 딱 맞는 뚜껑만 있으면 됩니다. 프라이팬이나 냄비에 물이나 수프를 끓이고 재료를 넣으면, 이제 남은 건 타이머를 세팅해 놓고 재료가 푹 쪄지길 기다리는 일뿐입니다. 큰 수고나 어려운 기술은 전혀 필요하지 않아요. 사실은 프랑스에도 전용 냄비가 있지만, 우선 '찜 요리의 허들을 낮추면 좋겠다'라는 마음으로 이 책에서는 자주 쓰는 도구로 만드는 방법을 소개하고자 했습니다.

프랑스 찜 요리라고 하면 어쩐지 감이 잡히지 않을지도 모릅니다. 하지만 프랑스에서 찜 요리는 아주 인기 있는 조리법이지요. 게다가, 그 방식이 서로 다른 세 가지가 있습니다.
재료를 증기로 부드럽게 쪄서, 따로 만든 소스를 뿌려 먹는 '바푀르'.
소량의 물과 유지를 넣어 찌는 '에튀베'.
덩어리 고기 등을 조미액이나 수프로 찌는 '브레제'.
각자 알맞은 재료도 다르고, 맛도 다양하답니다.

증기가 뜨끈하게 솟아오르는 갓 만든 찜 요리는, 그 자체만으로도 진수성찬입니다. 색다른 프랑스의 세 가지 찜 요리로, 요리의 메뉴를 다양하게 넓혀보세요. 새로운 맛이 분명 가족들을 활짝 웃게 할 테니까요.

우에다 쥰코

프랑스의 세 가지 찜 요리

프랑스에는 세 가지 종류의 찜 요리가 있습니다. 특징과 차이점을 알 수 있도록 감자를 사용하여 각각의 찜 방법으로 조리해 보겠습니다.

Vapeur

바푀르 (수증기로 찌기)

- 수증기로 재료를 찌는 방법.
- 물기를 제거하여 그릇에 담고, 소스나 드레싱을 첨가하여 먹는다.

물

감자 바푀르

재료 & 만드는 법

① 작은 감자 8개를 껍질을 벗기지 않고 씻은 후, 가장자리를 높게 세운 오븐 시트 위에 얹는다.

② 프라이팬에 물을 2cm 높이로 넣고, 중불로 가열한다. 끓으면 잠시 불을 끄고 ①의 오븐 시트를 얹어, 뚜껑을 닫고 강불로 10~15분 찐다. 중간에 물이 부족할 것 같으면 더 넣는다.

③ 나무 꼬치가 쑥 들어갈 정도로 감자가 부드러워질 때까지 찐다. 소금과 버터를 곁들여 먹는다(취향에 따라 소스를 뿌려도 됨).

Étuvée

에튀베 (물+유지로 찌기)

- 소량의 물과 유지로 재료를 찌는 방법.
- 소금과 후추, 식초 등으로 조미하여, 그 국물과 함께 먹는다.

감자 에튀베

재료 & 만드는 법

❶ 감자 2개를 1.5cm 두께로 반달썰기를 하여 프라이팬에 넣고, 버터 10g, 물 ½컵을 넣어 뚜껑을 닫고 중불로 가열한다. 끓으면 8~10분 정도 찐다. 중간에 물이 부족할 것 같으면 더 넣는다.

❷ 나무 꼬치가 쑥 들어갈 정도로 감자가 부드러워지면, 소금과 후추를 각각 조금씩 뿌린다. 그릇에 담아 그대로 먹는다.

Braiser

브레제 (수프로 끓이기)

- 맛이 첨가된 조미액(수프)으로 재료를 찌는 방법.
- 재료를 찌는 동시에 소스를 만들고, 이후 뿌려 먹는다.

감자 토마토소스 브레제

재료 & 만드는 법

❶ 소스를 만든다. 냄비에 올리브유 2큰술을 넣어 중불로 가열하고, 다진 양파 ½개와 마늘 작은 것 1쪽을 넣어 가볍게 볶는다. 향이 나면 토마토 통조림(다이스드 컷) 1캔(400g), 소금 ⅔작은술을 넣어 가볍게 섞는다.

❷ 껍질을 깐 감자도 작은 것으로 4개(400g)를 넣고, 끓으면 뚜껑을 닫아 약불로 15분 찐다.

❸ 나무 꼬치가 쑥 들어갈 정도로 감자가 부드러워지면 완성. 중간에 확인해서 소스가 너무 졸아 눌어붙지 않도록 물의 양을 적절히 조절한다.

Contents

Vapeur
바푀르

- 005 찜기가 필요 없는 프랑스 찜 요리
- 006 프랑스의 세 가지 찜 요리

- 012 「바푀르」의 기본 조리법
- 014 새우와 아스파라거스 바푀르, 아이올리 소스
- 016 굴 바푀르, 블루치즈 소스
- 018 연어 미 퀴, 요구르트 소스
- 019 대구 바푀르, 토마토 레몬 오일 소스
- 022 종이말이 도미찜, 드라이 토마토 & 올리브, 케이퍼
- 024 삼치 바푀르, 에스닉 소스
- 026 녹색 채소와 양파, 파슬리 비네그레트 샐러드
- 028 대파찜, 비네그레트 소스
- 028 소송채찜, 커민 오일
- 029 양배추 샐러드, 앤초비 드레싱
- 029 치즈 풍미의 누에콩 찜
- 032 타임 풍미의 고구마 오렌지 샐러드
- 032 콜리플라워와 방울양배추 치즈 퐁듀
- 033 베이컨을 곁들인 매시 포테이토
- 033 빵을 곁들인 가지 캐비어
- 036 닭다리살과 채소 바푀르, 바질 소스
- 038 닭가슴살 바푀르, 셀러리 버터 소스
- 040 반미 풍미의 얇게 썬 돼지고기 찜
- 042 아로마 닭고기 샐러드, 허브 마요네즈 소스
- 044 아보카도 소고기말이 찜
- 046 고기 완자 바푀르
- 048 라비올리 시누아, 재스민차 소스
- 050 우프 · 마요네즈
- 050 우프 · 파르시
- 051 달걀 코코트 찜
- 051 로열

column

- 052 column 1 : 「바푀르」가 있는 식탁
  메인 요리와 수프, 두 가지를 함께
  - 돼지고기 소금 절임 바푀르, 라비고트 소스
  - 미네스트로네
  - 심플 그린 샐러드

- 082 column 2 : 「에튀베」가 있는 식탁
  테이블 에튀베
  - 양상추, 셀러리와 새우 에튀베
  - 버섯과 감자 치즈 에튀베
  - 로스트비프 타르타르
  - 방울토마토 피클

- 122 column 3 : 「브레제」가 있는 식탁
  손님 접대
  - 오리 로스 오렌지 브레제
  - 양송이버섯 샐러드
  - 고등어 통조림과 크림치즈 딥

Étuvée
에튀베

058 「에튀베」의 기본 조리법

060 흰색 채소 에튀베
062 녹색 채소 에튀베
064 배추 버터 에튀베
064 시금치 에튀베
065 셀러리 커민 오일 에튀베
065 파프리카 오일 비네거 에튀베
068 감자와 바지락, 드라이 토마토 에튀베
070 유채와 죽순, 도미 에튀베
072 버섯과 닭고기, 보리 에튀베
074 사워크림을 곁들인 사과와 돼지고기 에튀베
076 아시아풍의 소고기와 연근 에튀베
078 채소 페이잔
080 세이지 버터 풍미의
       병아리콩과 닭고기 윙 에튀베

Braiser
브레제

088 「브레제」의 기본 조리법

090 돼지 목심과 채소 브레제
092 타진풍의 닭 날개 봉과
       양파, 셀러리, 토마토 브레제
094 뼈 있는 닭다리살과 밤 브레제
096 버섯과 호두가 들어간 치킨 롤
098 얇게 썬 돼지고기 배추말이
100 다진 고기 불레트, 파프리카 토마토소스
102 소고기 사태 브레제
103 스페어립과 감자 밀크 브레제
106 카술레풍의 세르 아 소시스
108 연어와 양송이버섯, 대파가 들어간 밀크 브레제
110 삼치와 채소 비네거 브레제
112 무와 돼지 삼겹살 브레제
114 적양배추와 사과 브레제
116 당근과 셀러리 크림 브레제
118 통양파 어니언 소스
120 참마 브레제, 레드 와인 소스

126 재료별 INDEX

【이 책의 사용법】
· 재료는 특별한 표시가 없는 한 2~3인분을 기준으로 합니다.
· 1작은술 = 5ml, 1큰술 = 15ml, 1컵 = 200ml입니다.
· 불의 세기는 특별한 표시가 없는 한 중불입니다.
· 채소는 미리 다듬고 씻어서 준비해 주세요.
· 마늘은 싹을 떼고 조리해 주세요.
· 소금은 왕소금과 자연염을 사용합니다.
  정제염을 사용할 경우, 분량보다 살짝 적게 사용해 주세요.
· 식용유는 순도가 높은 맑은 정제유를 사용해 주세요.
· 화이트 와인은 씁쓸한 맛을,
  레드 와인은 떫은맛이 적은 것을 사용합니다.
· 전자레인지는 600W 제품을 기준으로 한 시간입니다.
  700W일 때는 0.8배로 맞춰주세요.

1
Vapeur
바푀르

**프랑스인은 전자레인지를 사용하지 않습니다.
그 대신 수증기로 찌는 조리법 '바푀르'로
채소와 생선을 잘 익혀 맛있게 먹는답니다.**

바푀르란 프랑스어로 '증기'라는 뜻으로, 증기를 사용하여 재료를 찌는 조리법을 이렇게 부릅니다. 우리가 흔히 아는 '찜 요리'와 비슷한 것이지요.

프랑스에서는 물로 재료를 삶는 조리법을 많이 찾아볼 수 없습니다. 그 이유는 물이 센물이라는 점과, 귀한 것이라는 점이 관련이 있는 것으로 여겨집니다. 그럼 전자레인지로 가열하면 되지 않느냐. 사실 프랑스에서는 전자레인지를 가지고 있는 가정은 많지 않아요. 게다가 전자레인지를 사용해 본 적이 있는 사람이라면 누구나 알겠지만, 전자레인지로 가열한 음식은 퍼석거리고, 식으면 금방 단단해지지요…. 그러한 이유로, 프랑스인은 전자레인지를 가질 필요를 못 느끼는 것으로 보입니다. 우리처럼 쌀밥을 먹는 것도 아니고, 빵은 오븐으로 데우니까요. 본고장에서는 바푀르 전용 기구가 있고, 그걸 사용하는 가정도 많습니다. 그러나 여기서는 프라이팬으로 간단히 찌는 방법을 활용하기로 합니다. 물이 들어가지 않도록 가장자리를 높게 세운 오븐 시트 위에 재료를 얹고, 끓는 물 위에 넣기만 하면 끝이니까요.

바푀르는 증기가 재료를 살포시 감싸 촉촉하게 쪄내기 때문에, 특히 생선 요리에 잘 어울립니다. 손쉽고 매우 건강한 요리지요. 같은 재료라도 소스만 바꾸면 여러 가지 맛을 즐길 수 있다는 것도 장점입니다. 이 방법이라면 다양한 생선 요리도 만들 수 있답니다.

Vapeur
「바푀르」의 기본 조리법

1
소스 만들기

바푀르는 재료를 증기로 찌고, 좋아하는 소스를 뿌려 먹는 요리. 재료를 찌고 나서 바로 먹으면 좋기에, 찌기 전에 미리 소스를 만들어둔다.

2
프라이팬에 물 끓이기

프라이팬에 물을 2cm 높이로 넣고, 중불에 올려 가열한다. 증기가 많이 생기고 재료를 넣기에도 좋은 지름이 넓은 프라이팬을 추천한다. 냄비를 써도 좋다.

3
재료를 오븐 시트에 얹어, 끓는 물 위에 띄우기

오븐 시트를 재료 크기에 맞춰 준비하고, 그 위에 재료를 얹는다. 시트 가장자리를 세워 끓는 물이 들어가지 않게 하고, 불을 일단 끈 다음 (화상 방지를 위해), 재료를 넣은 오븐 시트를 뜨거운 물 위에 띄운다.

4
뚜껑을 닫고 강불로 찌기

뚜껑을 꼭 닫고 강불로 가열한다. 물이 줄어들면 중간에 더 넣는다. 반숙으로 익히고 싶은 요리라면 약불로. 재료가 익으면 그릇에 담고, 소스를 뿌린다.

새우와 아스파라거스 바푀르, 아이올리 소스
Crevettes et Asperges vertes, sauce aïoli

아스파라거스를 찌면 맛이 응축됩니다.
찌는 시간이 비슷한 새우는 같이 넣어도 좋아요.
마늘의 풍미가 가득한 소스를 듬뿍 얹어 주세요.

재료 (2인분)
그린 아스파라거스 … 굵은 것으로 8개
새우 (껍질 있는 것) … 큰 것으로 6마리

【 아이올리 소스 】
마요네즈 (P.042 혹은 시판용) … 3큰술
간 마늘 … 조금
올리브유 … 1½큰술

❶ 재료 준비
아스파라거스는 뿌리를 제거하고, 뿌리 근처의 단단한 껍질을 필러로 깎는다. 새우는 꼬리를 남긴 채 껍질을 까고, 등의 내장을 떼어낸다. 새우를 볼에 넣고 녹말가루 1작은술과 소량의 물(둘 다 분량 외)과 함께 잘 섞어, 녹말이 회색빛이 되면 물로 씻어내고 물기를 제거한다. 가장자리를 세운 오븐 시트에 아스파라거스와 새우를 얹는다(P.013).

❷ 소스 만들기
볼에 마요네즈와 간 마늘을 넣고 잘 섞은 후, 올리브유를 조금씩 넣으며 거품기로 섞어 매끄럽게 만든다.

❸ 프라이팬에 물 끓이기
프라이팬에 물을 2cm 높이로 넣고 중불로 가열한다.

❹ 재료를 넣고, 뚜껑을 닫아 찌기
③이 끓으면 일단 불을 끄고, ①의 오븐 시트를 얹은 다음에 뚜껑을 닫고 강불로 3분 정도 찐다.

❺ 마무리
그릇에 아스파라거스와 새우를 담고, ②의 소스를 뿌린다.

굴 바푀르,
블루치즈 소스
Huîtres vapeur, sauce au bleu

통통하게 찐 굴을 입안에 넣으면 육즙이 톡톡 터져요.
감칠맛이 강해서 개성 있는 소스와 궁합이 아주 좋습니다.
전채 요리로서, 화이트 와인이나 스파클링 와인과 함께 즐기면 좋아요.

재료 (2~3인분)
굴 (가열용) … 굵은 것으로 8~10개

【블루치즈 소스】
블루치즈 … 40g
생크림 (유지방분 40% 이상) … ⅓컵
후추 … 적당량

❶ 재료 준비
볼에 굴을 넣고, 녹말가루 1작은술과 소량의 물(둘 다 분량 외)을 더해 부드럽게 섞는다. 녹말이 회색빛이 되면 물로 씻어 내고 물기를 제거한다. 가장자리를 세운 오븐 시트에 굴이 겹치지 않도록 얹는다(P.013).

❷ 소스 만들기
치즈를 작게 풀어준다. 작은 냄비에 생크림을 넣고 약한 중불에 얹어 끓으면, 치즈를 넣고 불을 끈 다음에 잠시 놔둔다. 거품기로 저어 치즈를 녹인 다음 후추로 간을 한다.

❸ 프라이팬에 물 끓이기
프라이팬에 물을 2cm 높이로 넣고 중불로 가열한다.

❹ 재료를 넣고, 뚜껑을 닫아 찌기
③이 끓으면 일단 불을 끄고, ①의 오븐 시트를 얹은 다음에 뚜껑을 닫고 강불로 3~4분 정도 찐다.

❺ 마무리
그릇에 굴을 담고, ②의 소스를 끼얹는다.

→ 연어 미 퀴, 요구르트 소스
(P.020)

→ 대구 바푀르, 토마토 레몬 오일 소스
(P.021)

연어 미 퀴,
요구르트 소스
Saumon à l'aneth, sauce yaourt

'미 퀴mi cuit'는 프랑스어로 '반숙'이라는 뜻입니다.
횟감용 연어를 준비해서 속까지 완전히 익지 않도록 약불로 찝니다.
산미가 있는 소스가 연어랑 잘 어울려요!

재료 (2인분)
연어 (횟감용) … 2조각 (두께 3cm · 200g)※
※ 가능하면 두께는 균일한 것으로 고를 것.
소금 … 2/3 작은술
후추 … 조금

【 요구르트 소스 】
플레인 요구르트 … 2큰술
마요네즈 … 2큰술
소금, 후추 … 각각 조금

딜 … 적당량
핑크 페퍼 … 조금

❶ 재료 준비
연어는 소금이 스미게 문질러 발라놓고, 랩을 씌워 냉장고에 넣는다. 10분 정도 있다가 가볍게 물로 씻어, 물기를 키친 타월로 잘 닦은 다음에 후추를 뿌린다. 가장자리를 세운 오븐 시트에 연어를 얹는다(P.013).

❷ 소스 만들기
볼에 재료를 넣고 잘 섞어준다.

❸ 프라이팬에 물 끓이기
프라이팬에 물을 2cm 높이로 넣고 중불로 가열한다.

❹ 재료를 넣고, 뚜껑을 닫아 찌기
③이 끓으면 일단 불을 끄고, ①의 오븐 시트를 얹은 다음에 뚜껑을 닫고 약불로 3분 정도 찐다.

❺ 마무리
오븐 시트를 꺼내 연어의 잔열을 식힌다(요구르트 소스를 뿌리기 때문에, 식히는 편이 더 맛있다). 그릇에 소스를 깔고 연어를 올린 뒤, 딜을 곁들이고 핑크 페퍼를 손으로 부숴서 뿌린다.

대구 바푀르,
토마토 레몬 오일 소스
Cabillaud à la vapeur, tomate et citron à l'huile d'olive

흔히 나베 요리로만 먹게 되는 대구의 새로운 요리법!
토마토 레몬 오일 소스를 뿌리면 상큼한 맛이 납니다.
파슬리는 색이 변하지 않도록, 뿌리기 직전에 소스와 섞어줍니다.

재료 (2~3인분)
생대구 토막 … 2~3조각 (300g)
소금 … 1작은술
후추 … 조금

【 토마토 레몬 오일 소스 】
레몬 … 원통썰기한 것 2~3장
토마토 … 작은 것 1개
레몬즙 … 2작은술
소금, 후추 … 각각 적당량
올리브유 … 2큰술
파슬리 (다진 것) … 1작은술

❶ 재료 준비
대구는 소금이 스미게 문질러 발라놓고, 랩을 씌워 냉장고에 넣는다. 10분 정도 있다가 가볍게 물로 씻고, 물기를 키친 타월로 잘 닦은 다음에 후추를 뿌린다. 가장자리를 세운 오븐 시트에 굴이 겹치지 않도록 얹는다(P.013).

❷ 소스 만들기
레몬은 껍질과 흰 속을 제거하고 나머지 부분을 작게 썬다. 토마토는 가로로 반을 잘라 씨를 빼고, 7mm로 깍둑썰기한다. 볼에 레몬즙, 소금, 후추를 넣고 잘 섞은 뒤 올리브유를 넣어 다시 섞고, 토마토와 레몬을 추가한다.

❸ 프라이팬에 물 끓이기
프라이팬에 물을 2cm 높이로 넣고 중불로 가열한다.

❹ 재료를 넣고, 뚜껑을 닫아 찌기
③이 끓으면 일단 불을 끄고, ①의 오븐 시트를 얹은 다음에 뚜껑을 닫고 강불로 5분 정도 찐다.

❺ 마무리
그릇에 대구를 담는다. ②의 소스에 파슬리를 섞어 대구 위에 뿌린다.

종이말이 도미찜, 드라이 토마토 & 올리브, 케이퍼
Papillote de dorade à la méditerranéenne

드라이 토마토와 올리브를 같이 넣으면,
그 맛과 향이 부드럽게 밴 생선찜이 완성됩니다.
그대로 그릇에 담으면 뒷정리도 편해요.

재료 (2~3인분)
도미 토막 … 2~3조각 (300g)
화이트 와인 (혹은 술) … 1큰술
소금, 후추 … 각각 조금

A
　드라이 토마토 … 2개 (10g)
　올리브 (검은색 · 씨 없는 것) … 6개
　케이퍼 … 1작은술
　올리브유 … 1½큰술

레몬 … 원통썰기한 것 2~3장
처빌 (없으면 파슬리) … 조금

① 재료 준비
도미에 화이트 와인을 고루 묻힌다. 5분 정도 지나면 가볍게 물로 씻고, 물기를 키친 타월로 잘 닦은 다음에 소금과 후추를 뿌린다.

② 맛을 내는 재료 A를 준비하기
드라이 토마토는 미지근한 물에 3분 정도 담가 부드럽게 만든 후, 채썰기를 한다. 올리브는 원통썰기, 케이퍼는 굵게 다진다. 작은 볼에 모두 넣고, 올리브유를 넣어 잘 섞는다.

③ 오븐 시트로 감싼다
30cm 폭의 오븐 시트를 정사각형으로 잘라, 중앙에 ①을 1조각 넣는다. 레몬 1장을 놓고 ②를 생선 조각 수만큼 등분하여 뿌리고 나서, 오븐 시트로 위아래, 좌우를 싸서 사탕처럼 감싼 다음, 수분이 들어오지 않도록 양 끝부분을 조금 위로 향하게 한다. 남은 생선 조각도 같은 방식으로 싼다.

④ 프라이팬에 물 끓이기
프라이팬에 물을 2cm 높이로 넣고 중불로 가열한다.

⑤ 재료를 넣고, 뚜껑을 닫아 찌기
④가 끓으면 일단 불을 끄고, ③의 오븐 시트를 얹은 다음에 뚜껑을 닫고 강불로 5분 정도 찐다.

⑥ 마무리
그릇에 오븐 시트를 담고, 오븐 시트의 입구를 열어 그 위에 처빌을 얹는다.

맛을 내도록 드라이 토마토와 올리브, 케이퍼를 잘게 썰어 도미 위에 얹는다(왼쪽).
오븐 시트의 가장자리를 맞춰 두 번 접고, 좌우를 사탕처럼 비틀어 싼다(오른쪽).

삼치 바푀르,
에스닉 소스

Thazard sauce thaïlandaise, salade de germes de brocoli et cacahuète

단맛과 신맛, 매운맛의 삼박자가 어우러진 에스닉 소스를 뿌리고,
땅콩과 새싹을 듬뿍 올립니다.
촉촉하게 쪄낸 생선의 식감에 악센트를 더해준답니다.

재료 (2~3인분)
삼치 … 2~3조각 (300g)
소금 … 1작은술
후추 … 조금

【 에스닉 소스 】
피시 소스, 식초, 설탕 … 각각 2작은술
홍고추 (씨를 빼서 원통썰기) … ½개
땅콩 (다진 것) … 1큰술

브로콜리 새싹 … 적당량
땅콩 (다진 것) … 1큰술

❶ 재료 준비
삼치는 소금이 스미게 문질러 발라놓고, 랩을 씌워 냉장고에 넣는다. 10분 정도 있다가 가볍게 물로 씻어, 물기를 키친 타월로 잘 닦은 다음에 후추를 뿌린다. 가장자리를 세운 오븐 시트에 삼치가 겹치지 않도록 얹는다(P.013).

❷ 소스 만들기
볼에 소스 재료를 모두 넣고 섞는다.

❸ 프라이팬에 물 끓이기
프라이팬에 물을 2cm 높이로 넣고 중불로 가열한다.

❹ 재료를 넣고, 뚜껑을 닫아 찌기
③이 끓으면 일단 불을 끄고, ①의 오븐 시트를 얹은 다음에 뚜껑을 닫고 강불로 5분 정도 찐다.

❺ 마무리
그릇에 삼치를 담고 위에 땅콩을 뿌린 다음, ②의 소스를 뿌린다. 뿌리를 잘라낸 브로콜리 새싹을 얹는다.

녹색 채소와 양파, 파슬리 비네그레트 샐러드
Salade de printemps, pois, asperges et oignon frais

샐러드에 넣는 채소를 가열해서 사용하는 경우, 찌는 방법을 추천합니다.
채소 맛도 진해지고, 영양분도 남아 있으니까요.
여러 종류의 채소를 시간차를 두고 넣으면서 함께 찝니다.

재료 (2~3인분)
스냅콩 … 8개
그린 아스파라거스 … 4개
햇양파 (샐러드용 양파) … 큰 것 1개

【 파슬리 비네그레트 소스 】
레드 와인 비네거 … 2작은술
프렌치 머스터드 … ½ 작은술
소금, 후추 … 각각 적당량
식용유 … 1½ 큰술
파슬리 (다진 것) … 2큰술

❶ 재료 준비
양파는 빗썰기를 하고, 가장자리를 세운 오븐 시트에 얹는다(P.013). 스냅콩은 줄기를 제거한다. 아스파라거스는 뿌리를 잘라내고, 뿌리 근처의 딱딱한 껍질을 필러로 까서 3등분으로 썬다.

❷ 소스 만들기
큰 볼에 레드 와인 비네거, 머스터드, 소금, 후추를 넣고 잘 섞는다. 식용유를 조금씩 넣으며 섞는다.

❸ 프라이팬에 물 끓이기
프라이팬에 물을 2cm 높이로 넣고 중불로 가열한다.

❹ 재료를 넣고, 뚜껑을 닫아 찌기
③이 끓으면 일단 불을 끄고, ①의 오븐 시트를 얹은 다음에 뚜껑을 닫고 강불로 찐다. 1분 30초 정도 지나면 스냅콩, 아스파라거스를 얹고 다시 뚜껑을 닫아 2~3분 더 찐다.

❺ 마무리
오븐 시트를 꺼낸다. 잔열이 식으면 ②에 파슬리와 함께 ④를 넣어 잘 버무린다.

Point
찐 채소의 잔열이 식으면, 미리 준비해 둔 소스를 넣어 섞어주기만 하면 된다.

→ 대파찜, 비네그레트 소스
(P.030)

→ 소송채찜, 커민 오일
(P.030)

→ 양배추 샐러드, 앤초비 드레싱
(P.031)

→ 치즈 풍미의 누에콩 찜
(P.031)

대파찜, 비네그레트 소스
Blanc de poireau en vinaigrette

부드럽게 쪄낸 대파에 머스터드 비네그레트가 가장 잘 어울립니다.

재료 (2~3인분)
대파 … 굵은 것 2개

【 비네그레트 소스 】
레드 와인 비네거 … ½큰술
프렌치 머스터드 … ½작은술
소금, 후추 … 각각 적당량
식용유 … 1큰술

※ 대파에 바로 뿌려 먹어도 맛있지만,
반나절 정도 둬서 맛이 스며들게 해도 좋다.

❶ 재료 준비
대파는 4cm 길이로 썰고, 가장자리를 세운 오븐 시트에 얹는다(P.013).

❷ 소스 만들기
큰 볼에 식용유 이외의 소스 재료를 넣고 잘 섞은 후, 식용유를 조금씩 넣어 섞어서 유화시킨다.

❸ 프라이팬에 물 끓이고, 재료 찌기
프라이팬에 물을 3cm 높이로 넣고 중불로 가열한다. 끓으면 일단 불을 끄고, ①의 오븐 시트를 얹은 다음에 뚜껑을 덮고 강불로 10분 정도 찐다.

❹ 마무리
뜨거울 때 ②를 넣어 버무린다.

소송채찜, 커민 오일
Komatsuna à la sauce cumin

적당히 씹히는 맛이 나는 소송채에 뜨끈한 오일을 뿌리면 맛있어요!

재료 (2~3인분)
소송채 … 300g (큰 것 1다발)

【 커민 오일 】
올리브유 … 1큰술
커민 시드 … ½작은술
소금 … 적당량

※ 뜨거운 기름을 뿌려도 괜찮은 그릇이 없을 때는,
내열 볼에서 마무리하고 다른 그릇으로 옮겨 담는다.

❶ 재료 준비
소송채는 뿌리에 십자로 칼집을 넣고, 물에 15분 정도 담가 싱싱하게 만든 다음, 먹기 좋은 길이로 썰고 가장자리를 세운 오븐 시트에 얹는다(P.013).

❷ 프라이팬에 물 끓이고, 재료 찌기
프라이팬에 물을 2cm 높이로 넣고 중불로 가열한다. 끓으면 일단 불을 끄고, ①의 오븐 시트를 얹은 다음에 뚜껑을 덮고 강불로 3분 정도 쪄서 내열성 그릇에 담는다.

❸ 커민 오일을 만들어 채소에 뿌린다
작은 냄비에 오일 재료를 넣고 중불로 가열하여, 커민 시드가 보글보글 끓기 시작하면 불에서 내려 ②에 뿌린다.

양배추 샐러드, 앤초비 드레싱
Chou doux, sauce aux anchois

찌면 단맛이 강해지는 양배추에 앤초비의 감칠맛을 더했습니다.

재료 (2~3인분)
양배추 … 300g (약 ¼개)
※ 계절에 따라 단단함에 차이가 있으므로 찌는 시간은 취향에 맞추기.

【 앤초비 드레싱 】
앤초비 필레 (다진 것) … 1장
다진 마늘 … 약간
레드 와인 비네거 … 2작은술
소금, 후추 … 각각 적당량
올리브유 … 2큰술

❶ 재료 준비
양배추는 큼지막하게 썰고, 가장자리를 세운 오븐 시트에 얹는다(P.013).

❷ 드레싱 만들기
큰 볼에 올리브유 이외의 드레싱 재료를 넣고 잘 섞은 후, 올리브유를 조금씩 넣어 섞어서 유화시킨다.

❸ 프라이팬에 물 끓이고, 재료 찌기
프라이팬에 물을 2cm 높이로 넣고 중불로 가열한다. 끓으면 일단 불을 끄고, ①의 오븐 시트를 얹은 다음에 뚜껑을 덮고 강불로 3~5분 정도 찐다.

❹ 마무리
오븐 시트를 꺼내 잔열을 식히고, 물기를 뺀 후에 ②로 버무린다.

치즈 풍미의 누에콩 찜
Fèves au parmesan

콩깍지를 그대로 찌니까 맛을 그대로 유지할 수 있답니다.

재료 (2~3인분)
누에콩 … 콩깍지 10개
올리브유 … 1작은술
소금, 굵게 간 흑후추 … 각각 적당량
파르미지아노 치즈 (덩어리를 강판에 잘게 간 것 혹은 가루 치즈) … 적당량

❶ 재료 준비
누에콩을 콩깍지째로 가장자리를 세운 오븐 시트에 얹는다(P.013).

❷ 프라이팬에 물 끓이고, 재료 찌기
프라이팬에 물을 2cm 높이로 넣고 중불로 가열한다. 끓으면 일단 불을 끄고, ①의 오븐 시트를 얹은 다음에 뚜껑을 덮고 강불로 3분 정도 찐다. 오븐 시트를 꺼내 잔열을 식히고, 콩깍지에서 콩을 꺼내 얇은 껍질도 제거한다.
※ 주방 가위로 콩깍지를 자르면 콩을 꺼내기 쉽다.

❸ 마무리
그릇에 담아 올리브유, 소금, 후추, 치즈를 뿌린다.

→ 타임 풍미의 고구마 오렌지 샐러드
　(P.034)

→ 콜리플라워와 방울양배추 치즈 퐁듀
　(P.034)

→ 베이컨을 곁들인 매시 포테이토
(P.035)

→ 빵을 곁들인 가지 캐비어
(P.035)

타임 풍미의 고구마 오렌지 샐러드
Salade d'orange et patate douce au thym

특이한 조합이지만 먹으면 이해가 가요. 레몬즙까지 넣으면 더욱.

재료 (2~3인분)
고구마 … 중간 1개 (200~250g)
오렌지 … 1개
A
| 레몬즙 … 1큰술
| 올리브유 … 1큰술
| 타임(생), 소금, 후추 … 적당량

❶ 재료 준비
고구마는 2cm로 깍둑썰기하고 가볍게 씻은 다음, 가장자리를 세운 오븐 시트에 얹는다(P.013). 오렌지는 껍질과 과육에 붙은 섬유질을 제거하고, 깍둑썰기를 한다.

❷ 프라이팬에 물 끓이고, 재료 찌기
프라이팬에 물을 3cm 높이로 넣고 중불로 가열한다. 끓으면 일단 불을 끄고, ①의 오븐 시트를 얹은 다음에 뚜껑을 덮고 강불로 8분 정도 찐다. 고구마에 나무 꼬치가 쑥 들어갈 정도로 익으면 된다. 오븐 시트를 꺼내 잔열을 제거한다.

❸ 마무리
볼에 A의 레몬즙, 올리브유를 넣고 ②, 오렌지를 버무린 다음에 남은 A로 간을 맞춘다.

콜리플라워와 방울양배추 치즈 퐁듀
Fondue de Chou fleur et Brocoli

채소와 동시에 소스를 가열하는 게 포인트랍니다.

재료 (2~3인분)
콜리플라워 … 100g
방울양배추 … 6개

【 치즈 소스 】
모짜렐라 치즈 … 1개 (100g · 깍둑썰기)
피자용 치즈 … 50g
밀가루 … 1작은술
마늘 (얇게 썬 것) … 1쪽
화이트 와인 … 1큰술

후추 … 적당량

❶ 재료 준비
콜리플라워를 작은 송이로 나눈다. 방울양배추는 절반, 혹은 4등분 해서 썬다. 가장자리를 세운 오븐 시트에 모두 얹는다(P.013).

❷ 소스 만들기
볼에 치즈를 넣고 밀가루를 묻혀, 코코트 cocotte 같은 내열 용기 2개에 담는다. 마늘을 얹고, 화이트 와인을 넣어, 프라이팬의 물이 들어가지 않도록 알루미늄 포일로 뚜껑을 만들어 덮는다.

❸ 프라이팬에 물 끓이고, 재료 찌기
프라이팬에 물을 3cm 높이로 넣고 중불로 가열한다. 끓으면 일단 불을 끄고 ①, ②를 얹은 다음에, 뚜껑을 덮고 강불로 5분 정도 찐다. 치즈 소스를 잘 섞고, 후추를 뿌린다.

베이컨을 곁들인 매시 포테이토
Purée de pomme de terre au bacon

가볍게 먹기 좋은 매시 포테이토입니다. 감자는 뜨끈할 때 체로 걸러주는 게 좋아요.

재료 (2~3인분)
감자 … 2개 (200~250g)
A
  버터 … 15g
  올리브유 … 1큰술
  생크림 (유지방분 40% 이상) … 2큰술
  우유 … 2~4큰술
  소금, 후추 … 각각 적당량
  육두구 … 취향껏

굵게 간 흑후추, 베이컨 (블록·두껍게 썬 것)
  … 각각 적당량

❶ 재료 준비
감자는 1cm 두께로 썰고, 가장자리를 세운 오븐 시트에 얹는다(P.013).

❷ 프라이팬에 물 끓이고, 재료 찌기
프라이팬에 물을 3cm 높이로 넣고 중불로 가열한다. 끓으면 일단 불을 끄고, ①의 오븐 시트를 얹은 다음에 뚜껑을 덮고 강불로 8분 정도 찐다.

❸ 체에 거르고, 조미하기
감자가 뜨거울 때 체에 걸러 곱게 으깬다. 냄비에 A를 넣고 가열해 보글보글 끓으면 불을 끄고, 감자를 넣어 너무 치대지 말고 가볍게 섞는다. 그릇에 담아 굵게 간 흑후추를 뿌리고, 바삭하게 구운 베이컨을 곁들인다.
※ 매시 포테이토의 농도는 우유의 양으로 조절한다. 냉장고에 2~3일 정도 보관할 수 있다. 먹을 때는 전자레인지에 데운다.

빵을 곁들인 가지 캐비어
Caviar d'aubergines

'가난한 사람의 캐비어'로 불리는 친숙한 요리입니다. 한 번 먹기 시작하면 멈출 수 없어요.

재료 (2~3인분)
가지 … 중간 4개 (300g)
A
  간 마늘 … 조금
  소금, 후추 … 각각 적당량
  올리브유 … 2~3큰술

프랑스 빵 … 적당량
※ 취향에 따라 다진 앤초비를 섞어도 맛있다.

❶ 재료 준비
가지는 꼭지를 떼고 필러 등으로 껍질을 간 다음에 세로로 절반을 썰어, 가장자리를 세운 오븐 시트에 얹는다(P.013).

❷ 프라이팬에 물 끓이고, 재료 찌기
프라이팬에 물을 3cm 높이로 넣고 중불로 가열한다. 끓으면 일단 불을 끄고, ①의 오븐 시트를 얹은 다음에 뚜껑을 덮고 강불로 8분 정도 찐다.

❸ 조미하기
오븐 시트를 꺼내 가지의 잔열이 식으면, 키친 타월로 수분을 없애고 칼로 잘게 다진다. 볼에 넣고 A를 넣어 잘 섞는다. 그릇에 담고 얇게 썬 프랑스 빵을 곁들인다.

닭다리살과 채소 바푀르, 바질 소스
Poulet et légumes vapeur à la sauce basilic

닭고기와 채소를 같이 찌면, 한 접시로도 아주 만족스러운 반찬이 완성됩니다.
찌는 타이밍을 맞출 수 있게, 감자는 작게 썰어두는 게 포인트예요.
갓 쪄서 뜨끈할 때 바질 소스를 뿌려 먹어보세요.

재료 (2~3인분)
닭다리살 … 큰 것 1장 (300g)
감자 … 큰 것 1개
껍질콩 … 80g
소금 … ½작은술
후추 … 적당량

【 바질 소스[※] 】(만들기 쉬운 분량·그중 ⅓ ~ ½ 양을 사용)
바질 잎 … 2팩 (약 30g)
잣 (혹은 캐슈넛) … 30g
파르미지아노 치즈 (덩어리를 강판에 잘게 간 것
　혹은 가루 치즈) … 2큰술
간 마늘 … 조금
올리브유 … 8큰술
소금 … ½작은술
후추 … 적당량
※ 바질 소스 남은 것은 냉장고에 1개월은 보관할 수 있다.

❶ 재료 준비
닭고기는 힘줄과 여분의 지방을 제거하여 2cm로 깍둑썰기하고, 소금과 후추를 문질러 바른다. 감자는 닭고기보다 조금 작게 깍둑썰기한다. 껍질콩은 줄기를 떼고, 반으로 썬다. 가장자리를 세운 오븐 시트에 닭고기가 포개지지 않도록 펼쳐 놓고, 감자와 껍질콩도 얹는다.

❷ 소스 만들기
믹서에 바질 소스 재료를 넣고 돌려 페이스트 상태로 만든다.

❸ 프라이팬에 물 끓이기
프라이팬에 물을 3cm 높이로 넣고 중불로 가열한다.

❹ 재료를 넣은 후, 뚜껑을 닫고 찌기
③이 끓으면 일단 불을 끄고, ①의 오븐 시트를 얹은 다음에 뚜껑을 덮고 강불로 10분 정도 찐다.

❺ 마무리
그릇에 닭고기와 채소를 담고, ②의 소스를 뿌린다.

Point
골고루 익도록 닭고기를 겹치지 않게 늘어놓고, 그 위에 채소를 얹는다.

닭가슴살 바푀르, 셀러리 버터 소스

Filet de poulet au céleri et sauce au vin blanc

셀러리 잎을 넣어 끓이는 물로 닭가슴살을 찌면,
닭가슴살에 은은하고 상쾌한 향이 더해집니다.
버터의 달콤한 향과 셀러리의 상큼함이 어우러진 소스를 듬뿍 곁들여보세요!

재료 (2~3인분)
닭가슴살… 4개 (300g)
셀러리 잎 … 2~3줄기 분량
소금, 후추 … 각각 조금

【 셀러리 버터 소스 】
셀러리 줄기 … 1/3 줄기
버터 … 15g
화이트 와인 … 1큰술
소금, 후추 … 각각 조금

❶ 재료 준비
닭고기는 힘줄을 제거하고, 3~4등분으로 어슷썰기 한 다음에 소금과 후추를 뿌린다. 가장자리를 세운 오븐 시트에 닭고기가 포개지지 않도록 펼쳐 놓는다.

❷ 프라이팬에 물 끓이기
프라이팬에 물을 2cm 높이로 넣고, 셀러리 잎을 넣어 (장식용으로 조금 남긴다) 중불로 가열한다.

❸ 재료를 넣은 후, 뚜껑을 닫고 찌기
②가 끓으면 일단 불을 끄고, ①의 오븐 시트를 얹은 다음에 뚜껑을 덮고 강불로 3~4분 정도 찐다.

❹ 소스 만들기
셀러리 줄기는 얇게 썰고, 작은 냄비에 버터, 화이트 와인과 함께 넣는다. ③의 오븐 시트에 남은 찜국물을 넣어 약한 중불로 가열한다. 끓으면 소금과 후추로 간을 맞춘다.

❺ 마무리
그릇에 ③의 닭고기, 장식용 셀러리 잎을 담고, ④의 소스의 셀러리 줄기를 얹은 다음에 소스를 뿌린다.

Point
셀러리 잎을 넣어 끓이는 물로 닭가슴살을 찐다.
셀러리 잎이 남았을 때는 냉동해 두면 편리하다.
얼어 있는 상태로 넣어도 좋다.

Point
돼지고기는 피시 소스, 설탕,
후추를 뿌려 잘 주무르고 찌면,
맛이 더 잘 밴다.

반미 풍미의 얇게 썬 돼지고기 찜
Bánh mì à l'émincé de porc

프랑스 빵에 찐 고기와 채소 절임을 끼워 먹는 베트남 샌드위치, 반미.
촉촉하게 쪄낸 돼지고기를 끼워 먹으면 맛이 더 좋아요.

재료 (2~3인분)
프랑스 빵 … 적당량
얇게 썬 돼지고기 (목심 등) … 200g

【 채소 절임 】
무 … 100g
당근 … 50g
소금 … ½작은술
식초 … 2큰술
설탕 … 1½큰술
고춧가루 … 조금

잎채소 (그린 컬 양상추, 어린잎채소,
　　　샐러드 채소 등) … 적당량
고수 … 적당량
A
　피시 소스 … 1작은술
　설탕 … 한 꼬집
　후추 … 조금

버터 … 적당량
홍고추 (씨를 빼서 원통썰기) … 취향껏
피시 소스 … 취향껏

❶ 채소 절임 만들기
무, 당근을 채 썰어서 소금을 뿌려 가볍게 주무르고,
10분 정도 놔둔다. 가볍게 물로 씻고, 물기를 꽉 짜서
볼에 넣은 다음에 식초, 설탕, 고춧가루를 넣어 10분
이상 둔다.

❷ 채소 준비
고수는 뿌리를 제거하고 잎채소와 함께 물에 담가 아
삭하게 만든 다음, 키친 타월로 물기를 깨끗하게 제
거한다.

❸ 고기 밑준비
돼지고기에 A를 넣고 주무른 다음, 가장자리를 세운
오븐 시트에 펼쳐 놓는다(P.013).

❹ 프라이팬에 물 끓이고, 재료 찌기
프라이팬에 물을 2cm 높이로 넣고 중불로 가열한다.
끓으면 일단 불을 끄고, ❸의 오븐 시트를 얹은 다음
에 뚜껑을 닫고 강불로 3분 정도 찐다. 오븐 시트를
꺼내 잔열을 식힌다.

❺ 마무리
프랑스 빵에 칼집을 넣어 버터를 바른다. ❷의 채소
를 펴 놓고, ❶의 채소 절임의 물기를 짜서 올린 후,
❹의 돼지고기를 끼운다. 취향에 따라 홍고추를 얹
고, 피시 소스를 뿌린다.

아로마 닭고기 샐러드, 허브 마요네즈 소스

Salade de poulet à la mayonnaise aux herbes

허브와 레몬을 넣은 물로 닭고기를 찌면,
특유의 잡내가 사라지고, 상큼한 향이 나는 찜닭이 됩니다.
3~4분 찌다가 불을 끄고 잔열로 익히면, 촉촉하고 부드러워져요.

재료 (2~3인분)
닭가슴살 (껍질 붙은 것) … 1장 (250g)
소금, 후추 … 각각 조금
A
| 월계수 … 2장
| 로즈메리 … 3장
| 얇게 썬 레몬 … 4장

【 허브 마요네즈 】
마요네즈 (페이지 하단 참조) … 3큰술
레몬즙 … 1작은술
처빌, 파슬리 (다진 것) … 적당량

샐러드 채소 … 적당량

① 재료 준비
닭가슴살에 소금, 후추를 뿌려 발라주고, 가장자리를 세운 오븐 시트에 껍질 부분을 위로 해서 얹는다 (P.013).

② 프라이팬에 물 끓이기
프라이팬에 물을 2cm 높이로 담고, A를 넣어 중불로 가열한다.

③ 재료를 넣은 후, 뚜껑을 닫고 찌기
②가 끓으면 일단 불을 끄고, ①의 오븐 시트를 얹은 다음에 뚜껑을 덮고 강불로 3~4분 정도 찐다. 불을 끄고, 잔열이 사라질 때까지 그대로 두면서 남은 열기로 익힌다.

④ 마무리
③의 잔열이 사라지면, 닭고기 껍질을 제거하고 잘게 찢어 식힌다. 큼지막한 볼에 허브 마요네즈 재료를 넣고 섞은 후, 닭고기를 넣어 버무린다. 샐러드 채소를 얹은 그릇에 담는다.

Point
닭가슴살은 퍽퍽해지지 않도록 닭 껍질이 그대로 붙은 상태로 찌고, 잔열이 사라지면 손으로 찢는다.

마요네즈 만드는 법

재료 (만들기 쉬운 분량)
달걀노른자 … 1개
프렌치 머스터드 … 1작은술
소금 … 2/3 작은술
후추 … 조금
식용유 … 3/4컵
식초 (레드 와인 비네거 혹은 쌀 식초) … 1큰술*
※ 식초를 좋아하지 않는 사람은 식초의 양을 2작은술로 해도 좋다.

① 볼에 달걀노른자와 머스터드, 소금, 후추를 넣고 거품기로 잘 섞는다.
② 소금이 녹으면 식용유를 조금씩 더하면서 분리되지 않도록 천천히 섞는다. 노른자와 식용유가 완전히 유화되면, 식용유를 조금씩 넣어가며 섞기를 반복한다.
③ 식초를 넣고 섞는다.

아보카도 소고기말이 찜
Roulage de bœuf à l'avocat, salade roquette au citron vert

익힌 아보카도는 농후함이 더해져서 생으로 먹는 것과는 맛이 또 색다릅니다.
소고기로 말아 찌면 술안주로도 좋습니다.
라임을 짜고, 흑후추를 듬뿍 뿌리면 좋아요.

재료 (2~3인분)
얇게 썬 소고기 (살코기) … 150g
아보카도 (너무 부드럽지 않은 것) … 큰 것 1개
소금, 후추 … 각각 적당량
와일드루꼴라 (혹은 루꼴라) … 적당량
올리브유 … ½큰술
라임 (혹은 레몬) … ½개
굵게 간 흑후추 … 적당량

❶ 재료 준비
아보카도는 씨와 껍질을 제거하고, 8등분으로 빗썰기를 한 다음에 소금과 후추를 각각 조금씩 뿌린다. 소고기를 펼쳐 아보카도를 위에 얹어 돌돌 말고, 표면에 소금과 후추를 각각 조금씩 뿌린다. 가장자리를 세운 오븐 시트에 고기말이가 끝나는 곳을 아래로 해서 얹는다(P.013).

❷ 프라이팬에 물 끓이기
프라이팬에 물을 2cm 높이로 넣고 중불로 가열한다.

❸ 재료를 넣은 후, 뚜껑을 닫고 찌기
②가 끓으면 일단 불을 끄고, ①의 오븐 시트를 얹은 다음에 뚜껑을 덮고 강불로 3분 정도 찐다.

❹ 마무리
그릇에 담아 와일드루꼴라를 얹고, 올리브유를 뿌린다. 라임을 짜고, 굵게 간 흑후추를 뿌린다.

고기 완자 바푀르
Boulettes de porc au coriandre, sauce nuoc-mâm

고수 줄기를 다져 듬뿍 채워 넣은 고기 완자는,
한입 먹을 때마다 고수 향이 확 퍼진답니다.
깊은 맛을 내기 위해 돼지 삼겹살을 다져 함께 넣었어요.

재료 (10개분)
【 고기 완자 】
돼지 삼겹살 (얇게 썬 것) … 150g
다진 돼지고기 (살코기) … 150g
고수 줄기 … 20g
파 … 5cm
연근 … 50g
마늘 (다진 것) … 작은 것 1쪽
녹말가루 … 1작은술
소금 … 1/3 작은술
후추 … 조금
물 … 1½ 큰술

고수잎 … 적당량
피시 소스, 식초 … 각각 취향껏

❶ 재료 준비
돼지 삼겹살은 칼로 채를 썰고, 두드려서 다진다. 고수 줄기는 잘게 썬다. 파도 잘게 다지고, 연근은 껍질을 벗겨 굵게 다진다.

❷ 고기 완자 만들기
채소 이외의 고기 완자 재료를 비닐봉지에 넣고, 비닐봉지째 잘 반죽해 섞는다. 점도가 생기면 채소를 넣고 골고루 섞일 때까지 다시 반죽한다. 10등분으로 나누어 공 모양으로 둥글게 만들고, 가장자리를 세운 오븐 시트에 겹치지 않도록 얹는다(P.013).

❸ 프라이팬에 물 끓이기
프라이팬에 물을 3cm 높이로 넣고 중불로 가열한다.

❹ 재료를 넣은 후, 뚜껑을 닫고 찌기
③이 끓으면 일단 불을 끄고, ②의 오븐 시트를 얹은 다음에 뚜껑을 덮고 강불로 5분 정도 찐다.

❺ 마무리
그릇에 ④를 담고, 고수잎으로 장식한다. 취향에 따라 피시 소스와 식초를 찍어 먹는다.

Point
비닐봉지에 다진 돼지고기와 두드린 돼지 삼겹살, 조미료를 넣고 봉지째 잘 주물러 반죽한다.
비닐봉지를 사용하면, 손에 묻지 않고 섞을 수 있다.

라비올리 시누아, 재스민차 소스
Ravioli chinois sauce jasmin

Point
고기 반죽을 얹은 만두피는 반으로 접어 물을 발라 가장자리를 잘 닫고, 피의 끝부분끼리 둥글게 모아 물을 발라 붙인다.

뜨끈한 만두를 프렌치 요리 스타일로 응용한다면 어떨까 하는 발상으로 만든 요리입니다. 촉촉하고 통통한 식감이 참을 수 없어요. 소금을 넣은 재스민차 소스가 독특하답니다.

재료 (10개분)
만두피 … 크고 너무 얇지 않은 것으로 10장

【만두 속】
돼지 목심 (얇게 썬 것) … 150g
표고버섯 … 2개
파 … 8cm
굴 소스 … 1작은술보다 조금 적게
오향분 (있다면) … 적당량

【재스민차 소스】
재스민차 … 티백 3개 (혹은 찻잎 2큰술)
물 … 1컵
소금 … ½작은술

❶ 재료 준비
돼지 목심은 칼로 채를 썰고, 두드려서 다진다. 표고버섯 뿌리는 잘라내고, 파와 함께 잘게 다진다. 비닐봉지에 만두 속 재료를 넣고, 비닐봉지째 잘 반죽해 섞는다.

❷ 만두피 싸기
만두피에 고기 반죽을 등분해 올려 감싸고, 가장자리를 세운 오븐 시트에 만두끼리 달라붙지 않도록 떨어트려 놓는다 (P.013).

❸ 소스 만들기
냄비에 분량에 해당하는 물을 넣고 중불로 가열해서 끓으면, 재스민차를 넣고 2분 정도 중불에서 우린다. 티백을 꽉 짜서 꺼내고, 소금을 넣어 섞는다.

❹ 프라이팬에 물 끓이기
프라이팬에 물을 3cm 높이로 넣고 중불로 가열한다.

❺ 재료를 넣고, 뚜껑을 닫아 찌기
④가 끓으면 일단 불을 끄고, ②의 오븐 시트를 얹은 다음에 뚜껑을 덮고 강불로 7분 정도 찐다.

❻ 마무리
그릇에 ⑤를 담고, ③의 소스를 찍어 먹는다.

우프·마요네즈

Œuf mayonnaise au paprika

찌는 조리법으로 쫀득한 식감을!
익숙한 맛의 마요네즈가 최고의 맛을 냅니다.

재료 (6개분)
달걀 … 3개
마요네즈 (P.042 혹은 시판용) … 적당량
파프리카 파우더 … 적당량

❶ 프라이팬에 물 끓이고, 재료 찌기
프라이팬에 물을 2cm 높이로 넣고, 달걀을 넣어 강불로 가열한다. 끓으면 뚜껑을 닫고 중불로 10분간 찐다. 중간에 1~2번 뚜껑을 닫은 채로 프라이팬을 흔들어 달걀을 굴린다.

❷ 마무리
①의 달걀을 찬물에 담가 껍질을 깐다. 세로로 반을 잘라 마요네즈를 얹고, 파프리카 파우더를 뿌린다.

우프·파르시

Œuf mimosa persillé au jambon

찐 노른자는 으깨서 흰자 속에 쏙!
감칠맛이 나는 노른자와 햄은 만족스러운 맛입니다.

재료 (6개분)
달걀 … 3개
A
| 마요네즈 (P.042 혹은 시판용) … 1½큰술
| 소금, 후추 … 각각 적당량
| 햄 (다진 것) … 1장
| 다진 파슬리 … 조금
우유 … 조금

❶ 달걀 삶기
우프·마요네즈(왼쪽) 만드는 법 ①처럼 달걀을 삶아, 찬물에 담가 껍질을 깐다.

❷ 필링 만들기
①을 가로 절반으로 잘라, 노른자를 꺼내 볼에 넣는다. 포크 등으로 노른자를 잘게 으깬 후 A를 넣어 섞고, 우유로 농도를 조절한다.

❸ 마무리
그릇에 흰자를 담고, 움푹 들어간 흰자 속에 ②를 채워 넣는다.

달걀 코코트 찜

Œuf cocotte

찜으로 만든 토마토 소스에,
달걀을 깨 넣어 시간차로 찌면 되는 요리입니다.

재료 (코코트 2개분)
달걀 ⋯ 2개
A
　토마토 통조림 (다이스드 컷) ⋯ 6큰술
　올리브유 ⋯ 2작은술
　올리브 (검은색·원통썰기) ⋯ 6개
　소금, 후추 ⋯ 적당량

❶ 소스 만들기
코코트 같은 내열 용기 2개에 A를 등분해 넣고 가볍게 섞은 다음에, 물이 들어가지 않도록 알루미늄 포일로 뚜껑을 만들어 덮는다.

❷ 프라이팬에 물 끓이고, 소스 찌기
프라이팬에 키친 타월을 접어 깔고, 그 위에 코코트를 나란히 놓는다. 그릇 높이의 ½ 정도 올 때까지 물을 넣고, 뚜껑을 닫아 중불로 5분 정도 찐다.

❸ 달걀을 깨 넣고, 찌기
②에 달걀을 깨 넣는다. 다시 알루미늄 포일 뚜껑과 냄비 뚜껑을 닫고 중불로 데워, 취향에 맞는 굳기로 달걀이 익을 때까지 4~6분 가열한다.

로열

Consommé façon "œuf Royal" au crabe

프랑스식 계란찜.
베이스로 수프를 사용하고, 그 안에 치즈까지!

재료 (코코트 2개분)
달걀 ⋯ 큰 것 1개
수프 (고형 콘소메 ½개 + 뜨거운 물) ⋯ 120ml
소금, 후추 ⋯ 각각 취향에 따라
미니 치즈 ⋯ 2개 (30g)
찢어놓은 게살 ⋯ 조금
취향에 맞는 허브 (처빌 등) ⋯ 조금

❶ 재료 준비
볼에 달걀을 깨 넣어 풀고, 수프를 넣어 섞은 다음에 체로 거른다. 맛을 보고 싱거우면 소금과 후추를 살짝 뿌린다. 치즈는 반으로 자른다.

❷ 프라이팬에 물 끓이고, 달걀 찌기
코코트 같은 내열 용기 2개에 ①을 등분해 넣고, 알루미늄 포일로 뚜껑을 만들어 덮는다. 프라이팬에 키친 타월을 접어 깔고, 그 위에 코코트를 나란히 놓는다. 그릇 높이의 ½ 정도 올 때까지 물을 넣고, 뚜껑을 닫아 중불로 가열한다. 끓으면 약불로 줄이고, 뚜껑을 살짝 비스듬히 열어 내용물이 굳을 때까지 10~15분 동안 찐다(중간에 물이 없어질 것 같으면 추가한다). 굳어지면 게살과 허브를 위에 얹는다.

column 1
「바푀르」가 있는 식탁
메인 요리와 수프, 두 가지를 함께

프랑스에는 바푀르 전용 냄비가 있습니다. 흔히 볼 수 있는 일반적인 찜기 같은 것으로, 높이가 있는 냄비 위에 구멍이 뚫린 받침 접시를 겹쳐 놓습니다. 수분을 듬뿍 담을 수 있어서, 수프를 만들면서 받침 위에서 재료를 찌는 것도 가능해요. 이걸 잘 이용하면 한 번에 두 가지 요리를 만들 수 있지요. 이 냄비를 사용해서, 친구를 초대했을 때를 위한 가벼운 메뉴를 생각해 봤습니다. 물론 일반적인 찜기로도 똑같이 만들 수 있어요.

Menu
돼지고기 소금 절임 바푀르, 라비고트 소스
미네스트로네
심플 그린 샐러드

돼지고기 소금 절임 바푀르, 라비고트 소스 & 미네스트로네
Petit salé sauce ravigote, Minestrone

재료 (2~3인분)

【 돼지고기 소금 절임 바푀르 】
돼지 목심 (덩어리) … 400g
소금 … 2/3 작은술

【 돼지고기 소금 절임 라비고트 소스 】
양파 (다진 것, 물에 담갔다가 물기를 짠다)
　　… 4큰술
코르니숑※ (다진 것) … 1큰술
케이퍼 (다진 것) … 1작은술
홀그레인 머스터드 … 1/2큰술
파슬리 (다진 것) … 1큰술
레드 와인 비네거 … 1큰술
올리브유 … 3큰술
소금, 후추 … 각각 적당량
※ 코르니숑은 프랑스의 작은 오이로 만든 피클

【 미네스트로네 】
셀러리 … 1개
양파 … 1개
당근 … 1/2개
주키니 … 1/2개
토마토 … 1개
마늘 (굵게 다진 것) … 1쪽
올리브유 … 2큰술
물 … 4컵
소금, 후추 … 각각 적당량

 Point

아랫단에서는 수프를 끓이면서, 윗단에서는 돼지고기를 찐다. 돼지고기 육즙이 수프로 떨어져 더욱 맛이 좋아진다!

❶ 돼지고기 소금 절임 재료 준비
돼지고기는 가로로 절반을 썬 다음에 소금을 문질러 바른다. 랩으로 감싸 냉장고에 반나절(4~6시간) 정도 놔둔다 (그 상태로 냉장고에서 이틀 정도 보관 가능).

❷ 미네스트로네 재료 준비
셀러리는 줄기의 질긴 섬유질을 제거하고 양파, 당근, 주키니와 함께 5mm로 깍둑썰기한다. 토마토는 데쳐서 껍질을 벗긴 후, 2cm로 깍둑썰기한다.

❸ 미네스트로네 만들기
냄비에 올리브유, 마늘, 양파, 당근, 셀러리를 넣고 중불로 볶는다. 숨이 죽으면 분량에 맞는 물을 넣고 끓인다.

❹ 돼지고기를 얹어 찌고, 수프 끓이기
③의 냄비 윗단(받침 접시)에 ①의 돼지고기를 늘어놓고, 뚜껑을 닫고 중불로 가열한다. 15분 정도 지나면 밑단의 미네스트로네에 토마토, 주키니를 넣고 10분을 더 가열한다. 고기가 제대로 익지 않았다면 5분 정도 더 끓인다.

❺ 돼지고기 소금 절임 라비고트 소스 만들기
④를 가열하는 사이에, 라비고트 소스 재료를 모두 섞는다.

❻ 마무리
돼지고기를 다 쪄내면 먹기 좋은 크기로 썰어 그릇에 담고, ⑤의 소스를 뿌린다. 미네스트로네는 소금과 후추로 간을 맞추고, 마무리로 올리브유를 적당량(분량 외) 넣는다.

+ 함께하면 좋을 요리

심플 그린 샐러드
Salade de jeunes pousses

재료 (2~3인분)
어린잎채소 … 1팩 (30g)

【 비네그레트 소스 】
레드 와인 비네거 … 1작은술
프렌치 머스터드 … ⅓작은술
소금, 후추 … 적당량
식용유 … 1큰술

❶ 재료 준비
어린잎채소는 물에 담가 아삭하게 한 뒤, 키친 타월로 물기를 잘 제거한다.

❷ 소스 만들기
큼지막한 볼에 레드 와인 비네거, 머스터드, 소금, 후추를 넣어 잘 섞는다. 소금이 녹으면 식용유를 조금씩 넣어 유화시킨다.

❸ 마무리
②에 ①을 넣고 살살 버무린다.

2
Étuvée
에튀베

프라이팬과 뚜껑,
거기에 물과 오일만 있으면!
'에튀베'는 채소의 감칠맛을 그대로 가둬두는
간편한 조리법입니다.

에튀베는 소량의 물과 유지로 재료를 찌는 방법입니다. 프랑스에서 요리 공부를 할 때, 친구 집에서 먹고 제가 크게 감동한 채소 요리가 바로 이 에튀베입니다.

에튀베의 장점은, 적은 수분으로 찌기 때문에 재료의 맛을 꽉 응축시킨다는 것에 있어요. 오일이나 버터를 넣어 채소의 알싸한 맛 등을 덮어버리고, 감칠맛도 가둬둘 수 있지요. 그래서 맛이 짙고, 소금이나 후추만으로도 충분히 맛있어요. 조리하면서 양이 확 줄어들기에 시금치 한 다발도 뚝딱 먹어 치울 수 있습니다. 또한, 수분이 적어 증기가 올라오기까지 시간이 걸리지 않아서, 단시간에 완성할 수 있다는 것도 좋은 점이 아닐까요?

에튀베는 채소를 조리하는 데 아주 적합한 방법입니다. 좋아하는 채소를 오일로, 혹은 약간 감칠맛을 내고 싶을 때는 버터를 넣고 쪄보세요. 조금 맛을 바꾸고 싶거나 볼륨감을 주고 싶을 때는 고기나 생선 등의 단백질 식품을 넣어도 좋답니다. 그럴 때는 가열이 잘되는 재료를 추천합니다. 오래 가열하면 단단해지는 해산물도 단시간에 조리할 수 있는 에튀베가 딱입니다.

에튀베는 냄비든 프라이팬이든 문제가 없습니다만, 지름이 넓은 프라이팬이 조리 시간이 짧아서 더 추천합니다. 어느 쪽이든 딱 맞는 '뚜껑'만 있다면 괜찮습니다.

Étuvée
「에튀베」의 기본 조리법

1
프라이팬에 재료 넣기

재료를 썰어 프라이팬에 펼쳐 넣는다. 프라이팬은 지름이 크고, 열기가 빨리 도는 장점이 있다. 또한 노릇한 색을 입히려 할 때도 편리하다. 표면 가공이 된 프라이팬이 적합하다.

2
유지 넣기

버터 혹은 취향에 맞는 기름을 넣는다. 유지를 넣으면 채소의 감칠맛을 가둬둘 수 있다. 유지를 넣지 않을 수도 있지만, 프랑스에서는 넣는 것이 일반적. 포만감도 느낄 수 있다.

3
물 넣기

소량의 물을 넣는다. 이 물 덕분에 증기가 생겨 프라이팬 안의 재료를 부드럽게 감싼다. 수분이 없어지지 않도록 주의하고, 적어지면 중간에 보충한다.

4
뚜껑을 닫고 중불~강불로 찌기

뚜껑을 단단히 닫고 강한 중불로 가열하다가, 끓으면 중불로 해서 찐다. 마무리할 때 수분이 남은 것 같으면, 뚜껑을 열고 불을 세게 해서 수분이 거의 없어질 때까지 졸인다.

흰색 채소 에튀베
Jardinière de légumes blancs à l'étuvée

채소를 맛있게 먹을 수 있는 에튀베이기에 가능한 요리입니다.
같은 색의 채소들은 서로 궁합도 좋고, 보기에도 아름답습니다.
갓 쪄낸 야채에 치즈와 굵게 간 흑후추를 듬뿍 뿌리면 완성입니다.

재료 (2~3인분)
감자 … 1개
콜리플라워 … 100g
연근 … 100g
대파 … 1개
버터 … 15g
물 … ½컵
소금, 후추 … 각각 적당량
파르미지아노 치즈 (덩어리를 강판에 잘게 간 것
  혹은 가루 치즈) … 적당량
굵게 간 흑후추 … 적당량

❶ 재료 준비
감자는 1.5cm 두께로 반달썰기 혹은 은행잎썰기 한다. 콜리플라워는 작은 송이로 나눈다. 연근은 1cm 두께로 원통썰기 혹은 반달썰기를 한다. 대파는 3cm 길이로 썬다.

❷ 프라이팬에 넣어 찌기
프라이팬에 ①, 버터, 분량의 물을 넣어 뚜껑을 덮고 강한 중불로 가열한다. 끓으면 중불로 해서 8~10분 찐다.

❸ 마무리
소금, 후추로 간을 맞춰 그릇에 담고, 파르미지아노 치즈를 갈아서 뿌리고, 굵게 간 흑후추를 뿌린다.

화이트 아스파라거스를 넣으면,
더욱 봄 느낌이 나는 요리가 된다.

녹색 채소 에튀베
Jardinière de légumes verts à l'étuvée

녹색 채소를 모아 먹으면 몸에도 좋아요!
포슬포슬한 브로콜리, 아삭한 식감의 스냅콩, 즙이 풍부한 순무.
에튀베로 조리하면 각 재료의 맛이 살아납니다.

재료 (2~3인분)
브로콜리 … ½ 포기 (120g)
순무 … 1개
스냅콩 … 8개
마늘 (얇게 썬 것) … 1쪽
올리브유 … 1큰술
물 … ⅓ 컵
소금, 후추 … 각각 적당량

❶ 재료 준비
브로콜리는 작은 송이로 나눈다. 순무는 줄기를 조금 남긴 채 세로로 6등분 해서 썰고, 물에 담가 밑동의 흙을 씻어낸다. 스냅콩은 콩깍지 가장자리에 붙은 줄기를 뗀다.

❷ 프라이팬에 넣어 찌기
프라이팬에 ①, 마늘, 올리브유, 분량의 물을 넣어 뚜껑을 덮고 강한 중불로 가열한다. 끓으면 중불로 해서 5분 정도 찌고, 소금과 후추로 간을 맞춘다. 그릇에 담을 때 스냅콩 일부의 콩깍지를 열어 얹으면 보기에도 좋다.

방울양배추를 넣고,
마무리로 생크림을 넣어 버무려도 좋다.

→ 배추 버터 에튀베
 (P.066)

→ 시금치 에튀베
 (P.066)

→ 셀러리 커민 오일 에튀베
 (P.067)

→ 파프리카 오일 비네거 에튀베
 (P.067)

065

배추 버터 에튀베
Étuvée de chou chinois au beurre

푹 찐 배추는 부들부들해서 맛있어요.
순식간에 ¼개를 먹어 치울 수 있답니다.

재료 (2~3인분)
배추 … 300g (¼개)
버터 … 10g
물 … ½컵
소금, 후추 … 각각 적당량

❶ 재료 준비
배추는 3cm 폭으로 썬다.

❷ 프라이팬에 넣어 찌기
프라이팬에 ①, 버터, 분량의 물을 넣어 뚜껑을 덮고 강한 중불로 가열한다. 끓으면 중불로 해서 10분 정도 찌고, 소금과 후추로 간을 맞춘다.

시금치 에튀베
Épinard à l'étouffée

떫은맛이 강한 시금치는 살짝 데친 후에 오일로 찝니다.
오일 덕분에 알싸한 맛을 없앨 수 있어요.

재료 (2~3인분)
시금치 … 400g (2다발)
마늘 (다진 것) … 작은 것 1쪽
버터 … 15g
물 … ½컵
소금, 후추 … 각각 적당량

❶ 데치기
시금치는 뿌리에 십자 칼집을 넣고, 물에 15분 정도 담가 아삭하게 한다. 끓는 물에 살짝 데친 뒤 찬물에 담근다. 식으면 물기를 잘 짜내고 5cm 길이로 썬다.

❷ 프라이팬에 넣어 찌기
프라이팬에 ①, 마늘, 버터, 분량의 물을 넣어 뚜껑을 덮고 강한 중불로 가열한다. 끓으면 중불로 해서 10분 정도 찌고, 소금과 후추로 간을 맞춘다.

셀러리 커민 오일 에튀베
Céleri sauce cumin

셀러리와 커민의 강한 향에 중독되는 맛.
아삭한 식감이 남을 정도로 쪄내면 색감도 선명해집니다.

재료 (2~3인분)
셀러리 … 2개
커민 시드 … ½ 작은술
올리브유 … 1큰술
물 … ¼ 컵
소금, 후추 … 각각 적당량

❶ 재료 준비
셀러리는 줄기의 질긴 섬유질을 제거하고, 7mm 폭으로 어슷썰기한다. 잎은 먹기 좋은 크기로 썬다.

❷ 프라이팬에 넣어 찌기
프라이팬에 커민 시드, 올리브유를 넣고 중불로 가열한다. 향이 나면 ①, 분량의 물을 넣어 뚜껑을 덮고 강한 중불로 가열한다. 끓으면 중불로 해서 3분 정도 찌고, 소금과 후추로 간을 맞춘다.

파프리카 오일 비네거 에튀베
Poivron à l'étuvée

파프리카는 아삭한 식감을 살려서 쪄낸 뒤,
비네거로 상큼하게 마무리합니다.

재료 (2~3인분)
파프리카 (빨간색, 노란색) … 각각 1개 (300g)
올리브유, 레드 와인 비네거 … 각각 1큰술
물 … ¼ 컵
소금, 후추 … 각각 적당량

❶ 재료 준비
파프리카는 꼭지와 씨를 제거한 후, 세로 1cm 폭으로 썬다.

❷ 프라이팬에 넣어 찌기
프라이팬에 ①, 올리브유, 분량의 물을 넣어 뚜껑을 덮고 강한 중불로 가열한다. 끓으면 중불로 해서 3분 정도 찐다.

❸ 졸이고, 간 맞추기
레드 와인 비네거를 넣어 강한 중불로 수분이 거의 없어질 때까지 졸인 후, 소금과 후추로 간을 맞춘다.

감자와 바지락, 드라이 토마토 에튀베

Palourdes aux pommes de terre à la méditerranéenne

바지락의 감칠맛이 푹 배어든 감자의 맛!
익는 데 시간이 걸리는 감자를 먼저 조리하고,
장시간 익히지 않는 게 좋은 바지락을 나중에 넣어요. 이 시간 차가 포인트입니다.

재료 (2~3인분)
감자 … 2~3개
바지락 (해감 마친 것) … 300g
드라이 토마토 … 4개 (20g)
올리브 (검은색·씨 없는 것) … 6개
마늘 (얇게 썬 것) … 1쪽
올리브유 … 1큰술
물, 화이트 와인 … 각 ⅓컵
소금, 후추 … 각각 적당량
이탈리안 파슬리 (굵게 다진 것) … 적당량

❶ 재료 준비
드라이 토마토는 미지근한 물에 3분 정도 담가 부드럽게 만든 뒤 굵게 다진다. 감자는 2~2.5cm로 깍둑썰기한다. 바지락은 껍질을 서로 문질러 씻는다. 올리브는 반으로 썬다.

❷ 냄비에 넣어 찌기
냄비(혹은 프라이팬)에 ①의 감자, 마늘, 올리브유, 분량의 물을 넣어 뚜껑을 덮고 강한 중불로 가열한다. 끓으면 중불로 해서 5분 정도 있다가, ①의 나머지 재료와 화이트 와인을 넣고, 다시 뚜껑을 닫아 바지락이 입을 벌릴 때까지 2~3분 가열한다.

❸ 마무리
②의 뚜껑을 열어 찜 국물을 가볍게 졸이고, 소금과 후추로 간을 맞춘 후, 이탈리안 파슬리를 뿌린다.

Point
바지락은 오래 가열하면
감칠맛이 빠져나가 퍼석해지므로,
감자가 조금 부드러워졌을 때
시간차를 두고 넣는다.

유채와 죽순, 도미 에튀베
Étuvée de Dorade aux pousses de bambou et fleurs de colza

봄 느낌이 가득 담긴 가벼운 맛의 에튀베.
프라이팬에 유채, 죽순을 깔고 그 위에 도미를 얹어 찌면
채소에 도미의 감칠맛이 배어듭니다.

재료 (2~3인분)
유채 … 1다발 (200g)
죽순 (삶은 것) … 120g
도미 토막 … 2~3조각 (300g)
A
│ 소금 … 1작은술
│ 후추 … 조금

소금, 후추 … 각각 조금
버터 … 15g
물 … ⅓컵

❶ 재료 준비
유채는 줄기 밑동을 제거하고, 물에 10분 정도 담가 아삭하게 만든 다음에, 너무 길면 절반으로 자른다. 죽순은 먹기 좋은 크기로 썬다. 도미는 A의 소금을 문질러 바르고, 랩을 씌워 냉장고에 넣는다. 10분 정도 지나면 물로 살짝 씻어 키친타월로 물기를 잘 닦고, 반으로 잘라서 A의 후추를 뿌린다.

❷ 프라이팬에 넣고 찌기
프라이팬에 유채와 죽순을 늘어놓고, 소금과 후추를 뿌린다. 그 위에 도미를 얹어 버터와 분량의 물을 넣고, 뚜껑을 덮어 강한 중불로 가열한다. 끓으면 중불로 5분 정도 쪄서 도미를 익힌다.

버섯과 닭고기, 보리 에튀베
Poulet au blé et aux champignons

닭고기와 버섯의 감칠맛을 충분히 흡수한 보리가 식감에 악센트를 주어,
한 입 먹을 때마다 기분 좋은 맛이 퍼집니다.
가열하면서 진득해진 버섯, 촉촉하게 쪄진 닭고기도 맛있습니다.

재료 (2~3인분)
만가닥버섯, 양송이버섯, 표고버섯
　　… 각각 1팩 (300g)
닭다리살 (껍질 없는 것) … 큰 것 1장 (300g)
보리 (납작보리, 통보리, 찰보리 등) … 45g
A
| 소금 … 1/3 작은술
| 후추 … 조금

버터 … 15g
물 … 1/3컵
소금, 후추 … 각각 적당량
굵게 간 흑후추 … 적당량

❶ 보리 익히기
냄비에 보리, 물 2½컵(분량 외)을 넣고 중불로 가열한다. 끓으면 약불로 해서 10~20분 익혀서 알덴테(겉은 익었지만 속은 약간 씹는 감이 남아 있는 상태) 정도로 만들고, 체로 걸러 물기를 제거한다.

❷ 재료 준비
버섯 종류는 밑동을 잘라내고, 먹기 좋은 크기로 썬다. 닭고기는 힘줄과 여분의 지방을 떼어내고, 한입 크기로 썰어 A를 뿌려 바른다.

❸ 프라이팬에 넣고 찌기
프라이팬에 ①, ②, 버터, 분량의 물을 넣어 뚜껑을 덮고 강한 중불로 가열한다. 끓으면 중불로 해서 8분 정도 찌다가, 소금과 후추로 간을 맞춘다.

❹ 마무리
그릇에 담아 굵게 간 흑후추를 뿌린다.

사워크림을 곁들인
사과와 돼지고기 에튀베
Échine de porc aux pommes à l'étouffée

재료를 모두 한 번에 넣고 찌기만 하면 완성입니다.
사과의 은은한 단맛과 산미가 돼지고기와 잘 어울려요.
마무리할 때 사워크림을 얹어, 녹이면서 먹어보세요.

재료 (2~3인분)
돼지 목심 (덩어리) … 400g
사과 (홍옥 등) … 2개
A
│ 소금 … 2/3 작은술
│ 후추 … 조금

버터 … 10g
물 … 1/3 컵
레몬 … 1cm 폭으로 원통썰기한 것 2장
월계수 … 1장
소금, 후추 … 각각 적당량
사워크림 … 2큰술
굵게 간 흑후추 … 적당량

❶ 재료 준비
돼지고기는 1.5cm 폭으로 썰어 A를 뿌려 바른다. 사과는 껍질과 심지를 제거하고 빗썰기로 썬다.

❷ 프라이팬에 넣고 찌기
프라이팬에 ①, 버터, 분량의 물, 레몬, 월계수를 넣어 뚜껑을 덮고 강한 중불로 가열한다. 끓으면 중불로 해서 8분 정도 찐다.

❸ 마무리
뚜껑을 열고 찜 국물을 가볍게 졸여 소금과 후추로 간을 맞춘다. 그릇에 담아 사워크림을 얹고, 굵게 간 흑후추를 뿌린다.

아시아풍의
소고기와 연근 에튀베
Salade de bœuf asiatique aux racines de lotus et coriandre fraiche

익는 시간이 짧고, 과도하게 익히면 질겨지는 소고기는
채소 위에 얹어 짧은 시간 안에 익히는 게 요령입니다.
큼지막하게 썬 연근과 호두의 오독오독한 식감도 즐겨보세요.

재료 (2~3인분)
얇게 썬 소고기 (전골용) … 250g
적양파 … 1개
연근 … 100g
A
│ 소금 … 1/3 작은술
│ 후추 … 조금

코리앤더 시드 … 1작은술
홍고추 (씨앗을 제거해서 원통썰기한 것)
　… 작은 것 1/2~1개
올리브유 … 1큰술
소금 … 1/3 작은술
물 … 1/4컵
고수 (다진 것) … 적당량
호두 (다진 것) … 1큰술

❶ 재료 준비
소고기는 먹기 좋은 크기로 썰고, A를 뿌려 잘 배게 한다. 적양파는 빗썰기하고, 연근은 얇게 마구썰기를 한다.

❷ 향신료 볶기
프라이팬에 코리앤더 시드, 홍고추, 올리브유를 넣고 중불로 가열한다. 칙칙 소리가 나면 적양파, 연근, 소금을 넣고 섞어, 전체적으로 기름과 소금이 섞여 들게 하면서 익힌다.
※ 취향에 따라 소금 대신 피시 소스를 써도 좋다.

❸ 소고기를 얹고 찌기
일단 불을 끄고, 그 위에 소고기를 펼쳐 얹고, 분량의 물을 넣어 뚜껑을 덮고 강한 중불로 가열한다. 끓으면 중불로 해서 1분 30초~2분 정도 찐다.

❹ 마무리
그릇에 채소와 고기를 담고 찜 국물을 끼얹는다. 고수를 얹고, 호두를 뿌린다.

Point
향신료는 기름에 볶아 향과 매운맛을 돋운다(왼쪽).
빨리 익는 소고기는 채소 위에 얹는다(오른쪽).

채소 페이잔
Poêlée campagnarde

부들부들해질 때까지 푹 찐 채소,
그리고 감칠맛을 충분히 흡수한 빵은, 자꾸만 먹게 되는 맛입니다.
마무리로 달걀을 깨 넣어, 휘휘 섞어 먹어보세요.

재료 (3~4인분)
셀러리 … 2개
양파 … 1개
양배추 … 300g (약 ¼개)
토마토 … 1개
순무 … 1개
마늘 (얇게 썬 것) … 1쪽
프랑스 빵 … 1.5cm 두께로 썬 것 2조각
달걀 … 2개
올리브유 … 4큰술
물 … ½컵
소금 … ⅔작은술
후추 … 조금

❶ 재료 준비
셀러리는 줄기의 질긴 섬유질을 제거해서 5mm 폭으로 썰고, 잎은 큼지막하게 썬다. 양파는 얇게 썰고, 양배추와 토마토는 큼직하게 썰고, 순무는 깍둑썰기 한다.

❷ 냄비에 넣고 찌기
냄비(혹은 프라이팬)에 올리브유, 셀러리, 양파, 마늘을 넣고 중불로 가열하면서 가볍게 볶는다. 남은 채소와 분량의 물을 넣어 뚜껑을 덮고, 끓으면 약불로 해서 약 30분 정도 채소가 부들부들해질 때까지 찐 다음에 소금과 후추로 간을 맞춘다. 중간에 물기가 부족해져서 탈 것 같으면 물을 더한다.

❸ 마무리
빵을 깍둑썰기해서 넣고, 빵이 익어서 흐물거리게 되면 달걀을 깨 넣은 다음에, 뚜껑을 닫고 가볍게 익혀 반숙으로 마무리한다.

Point
이 요리는 원래 단단한 빵을
맛있게 먹기 위해 고안된 것이다.
빵은 가열 도중에 넣어,
채소에서 나온 감칠맛을 빨아들이게 한다.

세이지 버터 풍미의
병아리콩과 닭고기 윙 에튀베
Ailerons de poulet aux pois chiches et à la sauge

상큼하고 쌉싸름함을 가진 세이지는 버터와 궁합이 좋습니다.
부드럽게 익은 병아리콩과 닭고기 윙 사이에서 좋은 악센트가 되지요.
칼을 사용하지 않고 편하게 만들 수 있는 에튀베입니다.

재료 (2~3인분)
병아리콩 (통조림) … 200g
닭고기 윙 … 6개
A
| 소금 … ½ 작은술
| 후추 … 조금

세이지※ … 4~6장
버터 … 15g
물 … ½컵
소금, 굵게 간 흑후추 … 각각 적당량
※ 없으면 월계수나 타임도 좋다.

❶ 재료 준비
병아리콩은 가볍게 물로 씻고, 체에 걸러 물기를 뺀다. 닭고기 윙에 A를 문질러 바른다.

❷ 프라이팬에 넣고 찌기
프라이팬에 ①, 세이지, 버터, 분량의 물을 넣어 뚜껑을 덮고, 강한 중불로 가열한다. 끓으면 약불로 해서 10분 정도 찐다.

❸ 마무리
뚜껑을 열고 찜 국물을 가볍게 졸여, 소금과 굵게 간 흑후추로 간을 맞춘다.

column 2
「에튀베」가 있는 식탁
테이블 에튀베

에튀베는 짧은 시간에 만들 수 있는 데다가 소금, 후추, 오일의 심플한 양념으로 프라이팬이나 냄비가 더러워지지 않는 편리한 조리법입니다. 그래서 생각난 게, 식탁 위에서 바로 완성해 먹는 '테이블 에튀베'입니다. 좋아하는 채소를 에튀베로 해서 뜨거울 때 먹고, 같은 냄비에 다른 채소를 에튀베로…. 전골 요리 느낌으로, 초대한 손님과 함께 만들어 먹으면 즐거움도 배가 될 거예요. 스토브를 사용하여 식탁 위에서 에튀베를 해도 좋고, 또는 주방에서 만들어 냄비를 식탁 위에 올려도 좋아요.

Menu
양상추, 셀러리와 새우 에튀베
버섯과 감자 치즈 에튀베
로스트비프 타르타르
방울토마토 피클

첫 번째 에튀베

두 번째 에튀베

양상추, 셀러리와 새우 에튀베

Salade iceberg et céleri aux crevettes à l'étuvée

재료 (3인분)
양상추 … ½개
셀러리 … 1개
새우 (껍질 있는 것) … 중간 크기 10마리
버터 … 15g
물 … ⅓컵
소금, 후추 … 각각 적당량

❶ 재료 준비
양상추는 한 장씩 떼어내어 물에 담가 아삭하게 한 후, 물기를 제거하고 먹기 좋게 찢는다. 셀러리는 줄기의 질긴 섬유질을 제거해서 5~6cm 길이로 썬다. 새우는 꼬리를 남긴 채 껍질을 까고, 등의 내장을 떼어낸다. 새우를 볼에 넣고 녹말가루 1작은술과 소량의 물(둘 다 분량 외)과 함께 잘 섞다가 녹말이 회색빛이 되면 물로 씻어내고 물기를 제거한다.

❷ 프라이팬에 넣고 찌기
냄비나 프라이팬에 ①, 버터, 분량의 물을 넣어 뚜껑을 덮고 강한 중불로 가열한다. 끓으면 중불로 해서 4~5분 정도 찌고, 소금과 후추로 간을 맞춘다.

버섯과 감자 치즈 에튀베

Poêlée paysanne au fromage

재료 (3인분)
감자 … 2개
만가닥버섯 … 1팩
양송이버섯 … 1팩
치즈 (피자용 치즈, 블루치즈, 모짜렐라, 까망베르 등)
 … 각각 적당량
올리브유 … 1큰술
물 … ½컵
소금, 후추 … 각각 적당량
굵게 간 흑후추 … 적당량

❶ 재료 준비
감자는 7mm 두께로 반달썰기한다. 버섯 종류는 밑동을 제거하고 먹기 좋은 크기로 썬다. 치즈는 크면 자른다.

❷ 프라이팬에 넣고 찌기
'양상추, 셀러리와 새우 에튀베'에서 썼던 냄비와 프라이팬을 키친 타월로 깨끗하게 닦고, ①의 채소, 올리브유, 분량의 물, 소금, 후추를 넣어 뚜껑을 덮고 강한 중불로 가열한다. 끓으면 중불로 해서 5~6분 정도 찌고, 치즈를 뿌린 다음에 뚜껑을 덮어 치즈가 녹을 때까지 가열한다. 마무리로 굵게 간 흑후추를 뿌린다.

로스트비프 타르타르

Tartare de Roast-beef

재료 (3인분)
로스트비프 (조리된 시판용) … 150g

【 타르타르 소스 】
양파 (다진 것) … 2큰술
코르니숑 (다진 것), 파슬리 (다진 것) … 각각 2큰술
케이퍼 (다진 것) … ½큰술
프렌치 머스터드 … ½큰술
올리브유 … 1~2큰술
소금, 후추 … 각각 적당량

❶ 재료 준비
로스트비프는 굵게 다진다.

❷ 소스 만들기
볼에 소스 재료를 모두 넣고 섞어준다.

❸ 버무리기
②에 ①을 넣고 버무린다. 프랑스 빵 등에 얹어 먹는다.

방울토마토 피클

Pickles de tomate cerise

재료 (만들기 쉬운 분량)
방울토마토 … 20개

【 피클 액 】
쌀 식초 … 4큰술
설탕 … 3큰술
물 … 4큰술
월계수 … 1장
소금 … ⅔작은술
후추 … 조금

❶ 피클 액 만들기
냄비에 피클 액 재료를 모두 넣고 가열하다가, 끓으면 불을 끈다. 잔열이 날아가면 보존 용기에 넣어 식힌다.

❷ 재료 준비
방울토마토는 꼭지를 떼고 씻은 다음, 나무 꼬치로 토마토 1개당 5곳 정도 구멍을 낸다.

❸ 담그기
①에 ②의 토마토를 넣고, 한나절 이상 담근다.
※ 냉장고에 5일 정도 보존 가능.

3
Braiser
브레제

촉촉하게 찐 재료에
소스를 끼얹어 먹는 브레제.
간이 된 수프로 재료를 찌면서,
동시에 소스를 만듭니다.

브레제는 간이 된 수프로 재료를 쪄내는 방법입니다. 주로 덩어리 고기를 사용할 때 많이 쓰이며, 근사한 요리를 만들고 싶을 때도 자주 활용됩니다. 적은 양의 수분으로 찌듯이 조리하기 때문에, 덩어리 고기가 놀랄 만큼 부드럽게 완성됩니다.

브레제는 맛을 내는 수프(이 책에서는 '브레제 국물'이라고 부릅니다)를 먼저 만들고, 그 위에 재료를 올려, 재료가 수프 속에 반쯤 잠긴 상태로 뚜껑을 닫아 찝니다. 브레제 국물에 잠긴 재료의 아래쪽은 졸여지게 되고, 브레제 국물 밖으로 나온 위쪽은 증기로 쪄집니다. 브레제 국물에서 나오는 증기로 재료가 쪄지면서, 그 맛이 스며드는 동시에 재료의 감칠맛도 가둘 수 있습니다. 그리고 브레제 국물은 재료를 찌는 사이에 졸여져 소스가 됩니다. 즉, 재료를 찌는 것과 소스를 만드는 것, 이 두 가지가 냄비 안에서 동시에 이루어지는 것이지요.

브레제는 쉽게 예를 들자면 '생선조림' 같은 요리라 할 수 있습니다. 생선조림은 생선을 익히면서 국물을 조리고, 그 조림 국물을 끼얹어 먹는 요리지요. 굳이 조림 국물의 맛을 생선 속까지 스며들게 할 필요가 없습니다. 오히려 조림 국물의 맛이 스며들 정도로 가열하면 생선은 딱딱해지고 말아요. 마찬가지로 브레제도 촉촉하게 찐 재료에 졸여진 브레제 국물(소스)를 끼얹어 먹는답니다.

프랑스의 브레제는 두툼한 냄비를 오븐에 넣고 서서히 가열하여 만드는데, 이 책에서는 냄비만으로도 만들 수 있는 레시피를 실었습니다. 볼륨감 있는 식재료에 어울리는 요리이기에, 손님 대접을 위한 메뉴로도 아주 좋습니다.

Braiser
「브레제」의 기본 조리법

1
재료를 굽고, 꺼내기

기름으로 달군 냄비에 재료를 넣고 표면을 노릇하게 구워 꺼낸다. 구수한 냄새와 감칠맛을 가두는 것이 목적이다. 가열로 딱딱해지기 쉬운 해산물은 굽지 않는다. 또한 찌는 시간이 짧은 요리는 프라이팬을 쓰는 것이 좋다.

2
채소 볶기

같은 냄비로 채소의 숨이 죽을 때까지 약불로 볶는다. 냄비에 고기와 생선 기름이 남아 있으면 키친 타월로 닦은 다음에 볶는 게 좋다(단, 냄비에 들러붙은 감칠맛은 남겨야 하므로 타월로 톡톡 누르는 정도로 할 것).

3
브레제 국물 만들기

조미료나 와인을 넣어 브레제 국물을 만든다. 이 국물이 4에서 재료를 찌는 동시에 졸아들며, 소스로 변화한다.

4
재료를 다시 넣고, 뚜껑을 닫아 찌기

1을 다시 냄비에 넣고 뚜껑을 닫아 약불로 가열한다. 중간에 몇 번 확인하고, 너무 졸아서 탈 것 같으면 물을 적당량 추가한다. 다 쪘을 때 브레제 국물의 농도가 묽을 경우에는, 재료를 꺼내고 브레제 국물을 적당한 농도로 졸인 후, 소스로 만들어 재료에 끼얹는다.

돼지 목심과 채소 브레제
Échine de porc braisée au legume

덩어리 고기의 감칠맛이 빠져나가지 않고 부드럽게 완성되는 것은,
적은 양의 수분으로 찌듯이 조리하기 때문입니다!
거기에 야채가 듬뿍 들어간 소스를 끼얹으면, 더할 나위 없는 근사한 요리가 됩니다.

재료 (2~3인분)
돼지 목심 (덩어리) ⋯ 400g
양파 ⋯ 1개
당근 ⋯ 작은 것 1개
셀러리 ⋯ ½개
마늘 (얇게 썬 것) ⋯ 1쪽
A
  소금 ⋯ ⅔작은술
  후추 ⋯ 조금

식용유 ⋯ 1작은술
올리브유 ⋯ 2큰술
화이트 와인 ⋯ ½컵
물 ⋯ 1컵
타임, 월계수 ⋯ 각각 적당량
소금, 후추 ⋯ 각각 적당량

❶ 재료 준비
돼지고기는 A를 문질러 바르고, 랩에 싸서 냉장고에 반나절(4~6시간) 정도 넣어 둔다(그 상태로 냉장고에서 2일 정도 보존 가능). 양파, 당근, 셀러리는 5mm 폭으로 얇게 썬다.

❷ 고기 굽기
냄비에 식용유를 넣어 달군 후, 돼지고기를 넣고 강한 중불로 구워서 모든 면이 노릇해지면 꺼낸다.

❸ 채소를 볶고, 브레제 국물 만들기
②의 냄비에 남은 여분의 기름기를 키친 타월로 눌러 제거하고, 올리브유, ①의 채소, 마늘을 넣어 약불에 볶는다. 채소의 숨이 죽으면 화이트 와인을 넣고, 강불로 부글부글 끓여 알코올을 날린 후, 분량의 물과 타임, 월계수를 넣는다.

❹ 고기를 다시 넣고, 뚜껑을 닫아 찌기
②의 돼지고기를 다시 넣고, 끓으면 뚜껑을 닫아 아주 약한 불로 40분 정도 찐다. 중간에 1~2번 정도 확인해서, 졸아들어 탈 것 같으면 적당량의 물을 추가한다. 돼지고기가 익으면 꺼낸다.

❺ 브레제 국물 졸이기
냄비에 남은 브레제 국물은 뚜껑을 닫지 않고 강불로 졸이고, 적당히 졸아들면 소금과 후추로 간을 맞춘다.

❻ 마무리
돼지고기는 먹기 좋게 썰어 그릇에 담고, ⑤의 소스를 끼얹는다.

타진풍의 닭 날개 봉과 양파, 셀러리, 토마토 브레제
Tajine de pilon de poulet

레몬과 올리브, 토마토의 상큼한 산미와 감칠맛이 퍼지는 타진 풍미의 요리.
그런 풍미가 닭 날개 봉에 쏙 배어들어서 더 맛있어요.
셀러리는 익히면 맛이 좋아지므로, 존재감이 느껴질 정도로 큼지막하게 써는 게 좋아요.

재료 (2~3인분)
닭 날개 봉 … 8~10개 (600g)
셀러리 … 1개
양파 … 1개
토마토 … 큰 것 1개 (200g)
마늘 (얇게 썬 것) … 1쪽
레몬 … 원통썰기한 것 2장
올리브 (녹색·씨 없는 것) … 8알
말린 무화과 (다진 것) … 1~2개
A
│ 소금 … 2/3 작은술
│ 후추 … 조금

식용유 … 1/2 큰술
올리브유 … 1/2 큰술
물 … 3/4컵
소금, 후추 … 각각 적당량

❶ 재료 준비
닭 날개 봉은 A를 문질러 바른다(A를 문질러 바른 후, 랩에 싸서 냉장고에 반나절 넣어 두는 것을 추천. 그 상태로 냉장고에서 2일 정도 보존 가능). 셀러리는 줄기의 질긴 섬유질을 제거해서 큼지막하게 마구썰기, 양파는 빗썰기, 토마토는 큼직큼직하게 썬다.

❷ 고기 굽기
냄비에 식용유를 넣어 달군 후, 닭 날개 봉을 넣고 강한 중불로 구워서 모든 면이 노릇해지면 꺼낸다.

❸ 채소를 볶고, 브레제 국물 만들기
②의 냄비에 남은 여분의 기름기를 키친 타월로 눌러 제거하고, 올리브유, 마늘, 셀러리, 양파를 넣어 타지 않도록 약불로 볶는다. 채소의 숨이 죽으면 토마토를 넣고 2분 정도 볶은 후, 분량의 물과 후추 조금, 레몬, 올리브, 무화과를 넣어 중불로 가열한다.

❹ 고기를 다시 넣고, 뚜껑을 닫아 찌기
②의 닭 날개 봉을 다시 넣고, 끓으면 뚜껑을 닫아 약불로 15분 정도 찐다. 중간에 1~2번 정도 확인해서, 졸아들어 탈 것 같으면 적당량의 물을 추가한다. 닭 날개 봉이 익으면 꺼내 그릇에 담는다.

❺ 브레제 국물을 졸여 마무리하기
냄비에 남은 브레제 국물은 뚜껑을 닫지 않고 강불로 졸이고, 적당히 졸아들면 소금과 후추로 간을 맞춰 닭 날개 봉에 끼얹는다.

뼈 있는 닭다리살과 밤 브레제
Cuisse de poulet braisée aux châtaignes

닭고기에 밤과 양송이버섯을 넣은 가을 느낌의 요리.
닭고기에 소금과 후추를 발라 반나절 이상 재우면,
감칠맛이 응축돼서 더 맛있어집니다.

재료 (2~3인분)
뼈 있는 닭다리살 … 2개 (600g)
단밤 (껍질 깐 것) … 100g
양송이버섯 … 2팩
양파 … 1개
A
│ 소금 … ½작은술
│ 후추 … 조금

밀가루 … 적당량
식용유 … ½큰술
버터 … 10g
화이트 와인 … ½컵
물 … 1컵
월계수 … 1장
소금, 후추 … 각각 적당량

❶ 재료 준비
닭고기는 관절 부위에서 두 토막으로 자르고, A를 문질러 바른다 (A를 문질러 바른 뒤, 랩으로 감싸서 냉장고에 반나절 넣어 두는 것을 추천. 이 상태로 냉장고에서 2일 정도 보관 가능). 버섯은 밑동을 잘라내고 반으로 자르며, 양파는 얇게 썬다.

❷ 고기 굽기
닭고기는 굽기 직전에 밀가루를 얇게 바른다. 냄비에 식용유를 넣고 달군 후, 닭고기를 넣고 강한 중불로 구워서 양면이 노릇한 색으로 변하면 꺼낸다.

❸ 채소를 볶고, 브레제 국물 만들기
②의 냄비에 남은 여분의 기름기를 키친 타월로 눌러 제거하고, 버터와 양파를 넣어 약불로 볶는다. 양파의 숨이 죽어 약간 갈색이 되면 양송이버섯을 넣고 가볍게 볶은 후, 화이트 와인을 넣는다. 강불로 부글부글 끓여 알코올을 날린 후, 분량의 물과 월계수를 넣는다.

❹ 고기를 다시 넣고, 뚜껑을 닫아 찌기
②의 닭고기를 다시 넣고, 끓으면 뚜껑을 닫아 약불로 15분 정도 찐다. 중간에 1~2번 정도 확인해서, 졸아들어 탈 것 같으면 적당량의 물을 추가한다. 단밤을 넣고 한소끔 끓인 후에 불을 끄고, 닭고기를 꺼내 그릇에 담는다.

❺ 브레제 국물을 졸여 마무리하기
냄비에 남은 브레제 국물은 뚜껑을 닫지 않고 강불로 졸이고, 적당히 걸쭉해지면 소금과 후추로 간을 맞춰 닭고기에 끼얹는다.

Point
닭고기는 관절 부분에 칼을 넣으면 썰기 좋다(왼쪽).
채소가 적어 브레제 국물이 잘 진득해지지 않아서,
걸쭉함을 만들기 위해 닭고기에 밀가루를 바른다.
다만, 너무 많이 묻히면 질척해지므로
여분의 밀가루는 털어낸다(오른쪽).

버섯과 호두가 들어간 치킨 롤

Roulade de poulet aux noix, sauce aux champignons et aux cèpes

닭고기를 포르치니 버섯 우린 물로 쪄서 익히는 것이 포인트입니다.
닭고기에 풍부한 향이 배어들어 최고급 소스가 완성돼요.
닭고기 안에서 나오는 호두의 오독오독한 식감도 아주 맛있어요!

재료 (3인분)

닭다리살 … 2개 (500g)
호두 (잘게 다진 것) … 30g
포르치니 버섯 (건조) … 3g
만가닥버섯 … 100g
양파 … ½개
A
| 소금 … ½ 작은술
| 후추 … 조금

식용유 … 2작은술
화이트 와인, 생크림 (유지방분 40% 이상)
　　… 각각 ⅓ 컵
소금, 후추 … 각각 적당량
월계수 … 1장

❶ 재료 준비
닭고기는 힘줄과 여분의 지방을 제거한 후, 살점이 두꺼운 곳은 칼집을 넣어 펼쳐 두께를 고르게 한다. A를 문질러 바르고 껍질을 아래로 해서 둔 다음, 호두의 절반을 균일하게 뿌려 앞쪽부터 돌돌 만다. 그리고 조리용 실로 여러 번 감아 롤 형태로 만든다. 같은 방식으로 1개 더 만든다. 포르치니 버섯은 뜨거운 물 ¾컵(분량 외)에 담가 불리고, 차 거름망 등으로 걸러 버섯과 불린 물을 분리하고, 버섯은 굵게 썬다. 만가닥버섯은 밑동을 잘라내고 굵게 다진다. 양파는 잘게 다진다.

❷ 고기 굽기
냄비에 식용유 1작은술을 넣고 달군 후, 치킨 롤을 넣고 강한 중불로 구워서 모든 면이 노릇한 색으로 변하면 꺼낸다.

❸ 채소를 볶고, 브레제 국물 만들기
②의 냄비에 남은 여분의 기름기를 키친 타월로 눌러 제거하고, 식용유 1작은술, 양파와 버섯을 넣어 타지 않도록 약불로 볶는다. 5분 정도 후에 재료의 숨이 죽으면, 화이트 와인을 넣어 강불로 부글부글 끓여 알코올을 날린 후, 포르치니 버섯 불린 물, 후추 조금, 월계수를 넣는다.

❹ 고기를 다시 넣고, 뚜껑을 닫아 찌기
②의 치킨 롤을 다시 넣고, 끓으면 뚜껑을 닫아 약불로 15분 정도 찐다. 중간에 1~2번 정도 확인해서, 졸아들어 탈 것 같으면 적당량의 물을 추가한다. 닭고기가 익으면 꺼낸다.

❺ 브레제 국물을 졸여 마무리하기
④의 브레제 국물에 생크림을 넣고, 강불로 가볍게 졸여 걸쭉해지면 소금과 후추로 간을 맞춘다.

❻ 마무리
치킨 롤의 조리용 실을 풀고, 먹기 좋은 두께로 썰어 그릇에 담은 후 ⑤를 끼얹는다.

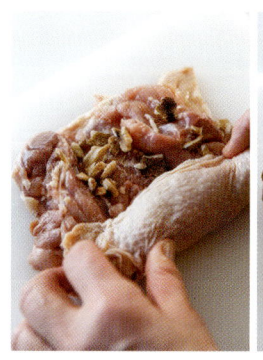

Point

닭고기는 껍질이 아래로 가도록 놓고,
호두를 전체적으로 간 다음 앞쪽에서부터 돌돌 만다(왼쪽).
적당히 단단하게, 하지만 너무 세게 말지 않는 것이 포인트다.
조리용 실로 빙빙 돌려 끝까지 감으면,
다시 반대로 돌려가면서 여러 번 감고,
실의 양 끝을 묶어 고정한다(오른쪽).

얇게 썬 돼지고기 배추말이
Roulade de chou chinois braisé à l'échine de porc

롤 캐비지(양배추말이)의 양배추 대신에 배추를 사용하고,
다진 고기가 아니라 얇게 썬 고기로 가볍게 만듭니다.
그리고 여기에 베이컨을 말아,
카레 가루로 풍미를 더하면 아이들에게도 인기 만점입니다.

재료 (2~3인분)
배추 (중간 정도 크기의 잎) … 4장 (400g)
돼지고기 목심 (얇게 썬 것) … 8장 (250g)
베이컨 … 4장
양파 … ½개
마늘 (얇게 썬 것) … 1쪽
A
│ 소금, 후추 … 각각 적당량

식용유 … ½큰술
화이트 와인 … ⅓컵
물 … ½컵
카레 가루 … 1작은술
월계수 … 1장
소금, 후추 … 각각 적당량

① 재료 준비
배추는 뜨거운 물로 살짝 데치고 잔열을 식힌다. 양파는 잘게 다진다.

② 배추말이 만들기
①의 배추를 한 장씩 도마 위에 밑동이 앞쪽으로 오도록 세로로 길게 펴고, 그 위에 돼지고기를 두 장씩 세로로 길게 얹은 후, A를 뿌리고 앞에서부터 돌돌 만다. 그 위에 다시 베이컨 1장을 감아준다.

③ 채소 볶기
냄비에 식용유를 넣고 달군 뒤, 양파와 마늘을 넣고 타지 않도록 중불로 2~3분 볶는다. 숨이 죽으면 화이트 와인을 넣고, 강불로 부글부글 끓여 알코올을 날린다.

④ 배추말이를 넣고, 뚜껑을 닫아 찌기
③에 ②의 배추말이가 끝나는 부분을 아래쪽으로 해서 넣고, 분량의 물, 카레 가루, 월계수를 넣는다. 끓어오르면 뚜껑을 닫고 약불로 15~20분 찐다. 중간에 1~2번 확인하면서, 졸아들어 탈 것 같으면 적당량의 물을 추가한다. 배추말이가 부드러워지면 꺼내서 그릇에 담는다.

⑤ 브레제 국물을 졸여 마무리하기
냄비에 남은 브레제 국물은 뚜껑을 닫지 않고 강불로 졸이고, 적당히 졸아들면 소금과 후추로 간을 맞춰 배추말이에 끼얹는다.

Point
배추에 돼지고기를 얹어 앞쪽에서부터 말기만 하면 된다.
다진 고기보다 더 만들기 쉽다(왼쪽).
배추 위를 베이컨으로 말면,
볼륨감 있고 맛도 좋아진다(오른쪽).

다진 고기 불레트,
파프리카 토마토소스
Boulette de viande à la basquaise

불레트는 프랑스어로 '완자(미트볼)'를 뜻합니다.
여기서는 큼지막하게 고기 완자를 만들어, 보기에도 귀여운 한 접시를 만듭니다.
피망의 상큼한 향이 기분 좋기 때문에, 허브류는 취향에 따라 넣으시면 됩니다.

재료 (2~3인분)
【 고기 완자 】
다진 혼합육 (돼지고기와 소고기) … 300g
양파 (다진 것) … ½개
식용유 … 1작은술
빵가루 … 3큰술
우유 … 2큰술
달걀 … ½개
소금 … ½작은술
후추 … 조금

【 브레제 국물 】
토마토 통조림 (다이스드 컷) … 1캔 (400g)
파프리카 … 1개
피망 … 2개
마늘 (얇게 썬 것) … 1쪽
양파 (다진 것) … ½개
올리브유 … 2큰술
소금 … ½작은술
후추 … 조금

소금, 후추 … 각각 적당량
파르미지아노 치즈 (덩어리를 강판에 잘게 간 것
  혹은 가루 치즈) … 취향껏

❶ 고기 완자 만들기
내열 용기에 양파와 식용유를 넣고 섞은 뒤, 랩을 씌워 전자레인지에서 2분 정도 가열한 후, 랩을 제거해 식힌다. 비닐봉지에 빵가루, 우유, 달걀을 넣고 봉지 바깥에서 섞어 빵가루를 불린다. 빵가루를 불린 비닐봉지에 다진 고기, 소금, 후추를 넣어 잘 반죽한다. 전자레인지로 가열한 양파까지 넣어 다시 섞은 후, 반죽을 3등분하여 큼지막한 볼 형태로 둥글린다.

❷ 채소를 볶고 브레제 국물 만들기
파프리카, 피망은 씨와 꼭지를 떼고, 세로 7mm 폭으로 썬다. 냄비에 올리브유, 마늘을 넣고 중불로 볶다가 향이 올라오면 양파, 피망, 파프리카를 추가해서 볶는다. 채소의 숨이 죽으면 토마토 통조림을 넣고, 소금과 후추를 뿌려 가볍게 섞는다.

❸ 고기 완자를 넣고, 뚜껑을 닫아 찌기
②에 ①의 고기 완자를 넣고, 끓으면 뚜껑을 닫아 약불로 12분 정도 조린다. 중간에 1~2번 정도 확인해서, 졸아들어 탈 것 같으면 적당량의 물을 추가한다. 고기 완자를 뒤집어 다시 뚜껑을 닫고 3분 정도 조린 후, 속까지 익으면 꺼내 그릇에 담는다.

❹ 브레제 국물을 졸여 마무리하기
냄비에 남은 브레제 국물은 뚜껑을 닫지 않고 중불로 졸이고, 적당히 걸쭉해지면 소금과 후추로 간을 맞춰 고기 완자 위에 끼얹는다. 취향에 따라 파르미지아노 치즈를 갈아서 뿌린다.

IOI

→ 소고기 사태 브레제
(P.104)

→ 스페어립과 감자 밀크 브레제
(P.105)

소고기 사태 브레제
Bœuf braisé

비프스튜 같은 맛의 찜 요리입니다.
오래 가열하면 더욱 맛있는 사태 찜은, 삶았을 때보다 더 부드럽습니다.
매시 포테이토를 곁들이면 더욱 근사해집니다.

재료 (3~4인분)
소고기 사태 … 8~10개 (800g)
양파 … 1개
셀러리 … 1개
당근 … 작은 것 1개
마늘 (다진 것) … 1쪽
A
| 소금 … 1작은술
| 후추 … 조금

밀가루 … 1큰술
식용유 … ½큰술
버터 … 15g
토마토 페이스트 … 1큰술
레드 와인 … 2컵
소금, 후추 … 각각 적당량
타임, 월계수 … 각각 적당량

매시 포테이토 (P.035) … 적당량

❶ 재료 준비
양파, 셀러리는 얇게 썰고, 당근은 얇은 은행잎썰기를 한다. 소고기 사태는 A를 문질러 바르고, 굽기 직전에 밀가루를 묻힌다.

❷ 고기 굽기
냄비에 식용유를 넣어 달군 뒤, 사태를 넣고 강한 중불로 구워서 모든 면이 노릇해지면 꺼낸다.

❸ 채소를 볶고, 브레제 국물 만들기
②의 냄비에 남은 여분의 기름기를 키친 타월로 눌러 제거하고, 버터를 넣어 약한 중불로 가열한다. 버터가 녹아 거품이 생기면 ①의 채소와 마늘을 넣어 볶고, 채소의 숨이 죽어 조금 갈색으로 변하면 토마토 페이스트를 넣어 가볍게 볶은 후에 레드 와인, 후추, 타임, 월계수를 추가한다.

❹ 고기를 다시 넣고, 뚜껑을 닫아 찌기
②의 사태를 다시 넣고 강불로 올리고, 끓기 시작하면 뚜껑을 닫아 약불로 1시간 30분간 찐다. 중간에 여러 번 확인해서, 졸아들어 탈 것 같으면 적당량의 물을 추가한다. 또한, 중간에 졸임 국물이 너무 줄어들면(높이 2~3cm 정도는 유지하기), 레드 와인 혹은 물을 추가한다. 사태가 부드러워지면 꺼내서 그릇에 담고, 매시 포테이토를 곁들인다.

❺ 브레제 국물을 졸여 마무리하기
냄비에 남은 브레제 국물은 뚜껑을 닫지 않고 중불로 졸이고, 적당히 걸쭉해지면 소금과 후추로 간을 맞춰 사태 위에 끼얹는다.

스페어립과 감자 밀크 브레제
Travers de porc braisé au lait

브레제 국물에 우유를 쓰는 게 이 브레제의 특징입니다.
고기의 잡내가 사라질 뿐 아니라, 고기도 더욱 부드러워집니다.
졸이면서 몽글몽글하게 굳어지는 우유 식감도 재밌답니다.

재료 (3~4인분)
스페어립 (돼지갈비) … 8개 (800g)
감자 … 2개
양파 … 1개
마늘 (얇게 썬 것) … 1쪽
A
  │ 소금 … 1작은술
  │ 후추 … 조금

식용유 … 1작은술
우유 … 2컵
월계수 … 1장
소금, 후추 … 각각 적당량
굵게 간 흑후추 … 취향껏

① 재료 준비
스페어립은 A를 문질러 바른다 (A를 문질러 바른 후 랩에 싸서 냉장고에 반나절 넣어 두는 것을 추천. 그 상태로 냉장고에서 2일 정도 보존 가능). 감자는 3cm 두께로 원통썰기 하고, 양파는 큼지막하게 빗썰기를 한다.

② 고기 굽기
냄비에 식용유를 넣고 달군 후, 스페어립을 늘어놓고 중불로 모든 면을 가볍게 구워(너무 노릇하게 하지 않음) 꺼낸다.

③ 채소를 볶고, 브레제 국물 만들기
②의 냄비에 남은 여분의 기름기를 키친 타월로 눌러 제거하고, 마늘과 양파를 펼쳐 넣은 후에 우유와 월계수를 추가해 강불로 가열한다.

④ 고기를 다시 넣고, 뚜껑을 닫아 찌기
②의 스페어립을 다시 넣고, 끓으면 뚜껑을 닫아 약불로 30분 정도 찐다. 중간에 1~2번 정도 확인해서, 졸아들어 탈 것 같으면 적당량의 물을 추가한다. 전체를 가볍게 섞은 뒤 감자를 넣고, 뚜껑을 닫아 20분 정도 졸인다. 고기와 감자가 익으면 꺼내 그릇에 담는다.

⑤ 브레제 국물을 졸여 마무리하기
냄비에 남은 브레제 국물은 뚜껑을 닫지 않고 중불로 졸이고, 적당히 걸쭉해지면 소금과 후추로 간을 맞춰 스페어립 위에 끼얹는다. 취향에 따라 굵게 간 흑후추를 뿌린다.

Point
브레제 국물의 양은 고기가 절반쯤 잠길 정도의 상태면 충분합니다.

카술레풍의 셰르 아 소시스
Boulettes de porc façon "cassoulet"

셰르 아 소시스란 직역하면 '소시지용 고기'라는 뜻입니다.
여기서는 간단하게 껍질 없는 소시지를 만들어 강낭콩과 함께 쪄냈습니다.
포슬포슬한 콩은 계속 먹고 싶을 정도로 부드러운 맛입니다.

재료 (2~3인분)
다진 돼지고기 … 300g
셀러리 … 30g
양파 … ½개 (100g)
당근 … 70g
토마토 … 1개
흰 강낭콩 통조림
　… 1캔 (400g · 콩 무게만 240g)
마늘 (얇게 썬 것) … 1쪽
A
　│ 소금 … ⅔ 작은술
　│ 설탕 … 한꼬집
　│ 후추 … 조금

올리브유 … 3큰술
물 … ¾컵
타임, 월계수 … 각각 적당량
소금, 후추 … 각각 적당량

❶ 재료 준비
셀러리는 줄기의 질긴 섬유질을 제거하고 양파, 당근과 함께 7mm로 깍둑썰기를 한다. 토마토는 큼지막하게 썬다. 강낭콩은 통조림 국물을 빼고, 표면을 가볍게 씻은 뒤 물기를 제거한다.

❷ 셰르 아 소시스 만들기
비닐봉지에 다진 고기, A, 얼음 2~3개를 넣고 봉지째 점도가 생길 때까지 빠르게 반죽해 섞는다. 반죽이 끝나면 얼음을 꺼낸다.

❸ 채소를 볶고, 브레제 국물 만들기
냄비에 올리브유를 넣고 달군 후, 마늘, 셀러리, 양파, 당근을 넣고 약한 중불로 볶는다. 5분 정도 볶다가 토마토를 넣어 가볍게 볶은 후, 강낭콩, 분량의 물, 타임, 월계수, 소금 ⅓ 작은술을 넣어 가볍게 섞고 불을 끈다.

❹ 고기를 다시 넣고, 뚜껑을 닫아 찌기
②를 스푼으로 떠서 한입 크기로 둥글게 빚어 ③에 넣고 강불로 가열한다. 끓으면 뚜껑을 닫아 약불로 15분 정도 찐다. 중간에 1~2번 정도 확인해서, 졸아들어 탈 것 같으면 적당량의 물을 추가한다. 고기가 익으면 그릇에 담는다.

❺ 브레제 국물을 졸여 마무리하기
냄비에 남은 브레제 국물은 뚜껑을 닫지 않고 중불로 졸이고, 적당히 걸쭉해지면 소금과 후추로 간을 맞춰 고기에 끼얹는다.

Point
다진 고기와 함께 얼음을 넣는 이유는, 고기 지방이 녹아 퍼석해지는 것을 막기 위함이다. 손의 온기만으로도 지방이 녹으므로, 비닐봉지에 넣어 빠르게 작업하는 게 좋다.

연어와 양송이버섯, 대파가 들어간 밀크 브레제
Pavé de saumon braisé au lait

연어와 잘 어울리는 크림 맛의 조합입니다.
연어에는 지방이 많기 때문에 생크림 대신 우유를 씁니다.
생선을 넣는 타이밍에 함께 넣어도 좋아요.

재료 (2~3인분)
연어 토막 … 2~3조각 (300g)
양송이버섯 … 1팩
대파 … ½개
마늘 (얇게 썬 것) … 작은 것 1쪽
A
　소금 … 1작은술
　후추 … 조금

버터 … 10g
우유 … 1컵
소금, 후추 … 각각 적당량
굵게 간 흑후추 … 취향껏

❶ 재료 준비
연어는 A의 소금을 문질러 바르고, 랩을 씌워 냉장고에 넣는다. 10분 정도 있다가 가볍게 씻고, 물기를 키친 타월로 닦아 A의 후추를 뿌린다. 양송이는 밑동을 제거해 얇게 썰고, 대파는 1cm 폭으로 송송 썬다.

❷ 채소 볶기
냄비에 버터를 넣고 약한 중불로 가열한다. 버터가 녹아 거품이 일기 시작하면 양송이, 대파, 마늘을 넣고 타지 않도록 중불로 2분 정도 볶는다.

❸ 생선을 넣고, 뚜껑을 닫아 찌기
채소가 숨이 죽으면 우유를 넣고 연어를 추가한다. 끓기 시작하면 뚜껑을 닫아 5분 정도 찐다. 연어가 익으면 꺼내 그릇에 담는다.

❹ 브레제 국물을 졸여 마무리하기
냄비에 남은 브레제 국물은 뚜껑을 닫지 않고 중불로 졸이고, 적당히 걸쭉해지면 소금과 후추로 간을 맞춰 연어에 끼얹는다. 취향에 따라 굵게 간 흑후추를 뿌린다.

삼치와 채소 비네거 브레제
Thazard braisé au vin blanc

식초를 넣고 찌는 생선 요리의 프랑스 버전이라고 해야 할까요.
고수의 달콤하고 상쾌한 향기, 와인 비네거의 부드러운 맛이
생선을 깔끔하고 먹기 쉽게 만들어 줍니다.

재료 (2~3인분)
삼치 … 2~3조각 (300g)
양파 … ½개
셀러리 … 20g
당근 … 30g
A
│ 소금 … 1작은술
│ 후추 … 조금

올리브유 … 1½큰술
코리앤더 시드 … ⅔작은술
화이트 와인 … 4큰술
레드 와인 비네거 … 1큰술
물 … ¾컵
소금, 후추 … 각각 적당량
허브 (이탈리안 파슬리 등 취향에 맞춘 것)
　… 적당량

❶ 재료 준비
삼치는 A의 소금을 문질러 바르고, 랩을 씌워 냉장고에 넣는다. 10분 정도 있다가 가볍게 씻고, 물기를 키친 타월로 닦아 A의 후추를 뿌린다. 양파와 셀러리는 얇게 썰고, 당근은 얇게 원통썰기를 한다.

❷ 채소를 볶고, 브레제 국물 만들기
냄비에 올리브유, 코리앤더 시드를 넣고 중불로 가열해, 기름이 데워져서 향이 올라오면 ①의 채소를 넣고 볶는다. 채소의 숨이 죽으면 화이트 와인을 넣고 한소끔 끓인 후에 레드 와인 비네거, 분량의 물을 넣고 가볍게 섞는다.

❸ 생선을 넣고, 뚜껑을 닫아 찌기
삼치를 넣고, 끓으면 뚜껑을 닫아 5분 정도 찐다. 삼치가 익으면 꺼내 그릇에 담는다.

❹ 브레제 국물을 졸여 마무리하기
냄비에 남은 브레제 국물은 뚜껑을 닫지 않고 중불로 졸이고, 적당히 걸쭉해지면 소금과 후추로 간을 맞춰 삼치에 끼얹은 후에 허브를 얹는다.

Point
양파, 셀러리, 당근을 볶아
깊은 맛을 끌어낸 다음, 와인이나 와인 비네거
등을 넣어 브레제 국물을 만든다.

무와 돼지 삼겹살 브레제
Radis blanc braisé aux lardons

돼지 삼겹살과 드라이 토마토, 앤초비로 맛을 낸 보슬보슬한 무 브레제입니다.
여러 가지 감칠맛이 입안에서 어우러져, 그 부드러운 맛에 사르르 녹는 듯합니다.

재료 (2~3인분)
무 … 350~400g (8~10cm)
파 … 1개
돼지 삼겹살 (블록) … 150g
드라이 토마토 … 2개 (10g)
앤초비 필레 (다진 것) … 1장
올리브유 … 1큰술
물 … 1½컵
소금, 후추 … 각각 적당량
굵게 간 흑후추 … 취향껏

❶ 재료 준비
드라이 토마토는 미지근한 물에 3분 정도 담가 부드럽게 한 후, 굵게 다진다. 무는 세로로 4등분 해서 썰고, 파는 어슷썰기한다. 돼지고기는 1cm 크기의 막대 모양으로 자른다.

❷ 채소와 고기를 볶고, 브레제 국물 만들기
냄비에 올리브유를 넣고 달군 후, 돼지고기와 파를 넣고 중불로 볶는다. 3분 정도 후에 드라이 토마토, 앤초비, 분량의 물, 소금 ½작은술을 넣고 가볍게 섞는다.

❸ 무를 넣고, 뚜껑을 닫아 찌기
무를 넣고, 끓으면 뚜껑을 닫아 약불로 20~30분 정도 찐다. 중간에 1~2번 정도 확인해서, 졸아들어 탈 것 같으면 적당량의 물을 추가한다. 무에 나무 꼬치가 부드럽게 쑥 들어가면 꺼내서 그릇에 담는다.

❹ 브레제 국물을 졸여 마무리하기
냄비에 남은 브레제 국물은 뚜껑을 닫지 않고 중불로 졸이고, 적당히 걸쭉해지면 소금과 후추로 간을 맞춰 무 위에 끼얹는다. 취향에 따라 굵게 간 흑후추를 뿌린다.

적양배추와 사과 브레제
Chou rouge braisé aux pommes

눈이 번쩍 뜨일 정도의 선명한 보랏빛이 아름다움을 연출합니다.
적양배추 식초 찜은 비스트로 같은 서양 요리점에서 자주 볼 수 있는데,
여기서는 단시간에 완성할 수 있는 레시피를 소개합니다. 고기 요리에 곁들여도 좋아요.

재료 (2~3인분)
적양배추 … 작은 것 ½개 (400g)
사과 (홍옥 등) … 1개
양파 … ½개
셀러리 … 50g
드라이 프룬 (씨 없는 것) … 5~6개
버터 … 15g
화이트 와인 … 1컵
코리앤더 시드 … ⅔작은술
소금, 후추 … 각각 적당량
레드 와인 비네거 (혹은 식초) … 1큰술

❶ 재료 준비
적양배추는 심지를 그대로 둔 채 세로로 3등분한다. 사과는 껍질과 심지를 제거하고, 6등분으로 빗썰기 한다. 양파는 얇게 썰고, 셀러리는 줄기의 질긴 섬유질을 제거하여 얇게 어슷썰기 한다.

❷ 채소를 볶고, 브레제 국물 만들기
냄비에 버터를 넣고 약한 중불로 가열한다. 버터가 녹아 거품이 일기 시작하면, 양파와 셀러리를 넣고 중불로 가볍게 볶은 후에 화이트 와인, 코리앤더 시드, 소금 1작은술을 넣고 가볍게 섞는다.

❸ 재료를 넣고, 뚜껑을 닫아 찌기
양배추, 사과, 프룬을 넣고, 끓으면 뚜껑을 닫아 약한 중불로 8분 정도 찐다. 레드 와인 비네거를 넣고 가볍게 섞은 후, 뚜껑을 열어둔 채로 5분을 더 졸인다. 양배추, 사과가 부드러워지면 꺼내어 그릇에 담는다.

❹ 브레제 국물을 졸여 마무리하기
냄비에 남은 브레제 국물은 뚜껑을 닫지 않고 중불로 졸이고, 적당히 걸쭉해지면 소금과 후추로 간을 맞춰 양배추와 사과에 끼얹는다.

당근과 셀러리 크림 브레제
Carotte et céleri sauce à la crème

당근을 찌면 단맛이 강해지고, 셀러리는 부들부들 맛있어집니다.
버터와 생크림의 풍미도 더해져서,
고기나 생선이 들어가지 않아도 메인 요리처럼 깊은 맛을 냅니다.

재료 (2~3인분)
셀러리 … 2개
당근 … 2개
양파 … ½개 (100g)
버터 … 10g
화이트 와인 … ⅓컵
물 … 1컵
소금, 후추 … 각각 적당량
생크림 (유지방분 40% 이상) … ½컵
딜 (다진 것) … 적당량

❶ 재료 준비
셀러리는 줄기의 질긴 섬유질을 제거하고, 당근과 함께 큼지막하게 마구썰기를 한다. 양파는 얇게 썬다.

❷ 채소를 볶고, 브레제 국물 만들기
냄비에 버터를 넣고 약한 중불로 가열한다. 버터가 녹아 거품이 일기 시작하면, 양파를 넣고 타지 않도록 볶는다. 2분 정도 있다가 숨이 죽으면 화이트 와인을 넣어 강불로 한소끔 끓인 후에 분량의 물, 소금 ½작은술을 넣고 가볍게 섞는다.

❸ 채소를 넣고, 뚜껑을 닫아 찌기
당근과 셀러리를 넣고, 끓으면 뚜껑을 닫아 약불로 20~30분 찐다. 당근에 나무 꼬치가 쑥 들어갈 정도가 되면 생크림을 넣고, 뚜껑을 열어둔 채로 1~2분 더 졸인다. 당근과 셀러리를 꺼내 그릇에 담는다.

❹ 브레제 국물을 졸여 마무리하기
냄비에 남은 브레제 국물은 뚜껑을 닫지 않고 중불로 졸이고, 적당히 걸쭉해지면 소금과 후추로 간을 맞춘다. 당근과 셀러리 위에 끼얹고, 딜을 곁들인다.

통양파 어니언 소스
Oignons braisés

갈색이 될 때까지 천천히 볶아낸 어니언 그라탕 수프 풍미의 단맛과
통으로 쪄서 즙이 가득 넘치는 양파.
그 두 가지 맛을 동시에 즐길 수 있는 일품요리입니다.

재료 (2~3인분)
양파 (소스용) … 3개
양파 … 작은 것 4개 (400g)
마늘 (얇게 썬 것) … 1쪽
식용유 … 1큰술
화이트 와인 … 1/3 컵
물 … 1/2 컵
소금, 후추 … 각각 적당량
버터 … 10g

① 재료 준비
소스용의 양파는 얇게 썰고, 작은 양파는 껍질을 벗긴다.

② 채소를 볶기
냄비에 식용유와 마늘을 넣고 중불로 볶다가, 향이 올라오면 얇게 썬 양파를 넣고 전체를 섞는다. 물 1/3컵 (분량 외)을 넣고, 끓으면 뚜껑을 닫고 약불로 가열한다. 5분 정도 찌다가 저어주기를 반복해서 총 15분 정도를 찐다. 양파가 전체적으로 숨이 죽어 양이 절반 정도로 줄어들면, 뚜껑을 열고 중불로 볶는다. 냄비 바닥에 눌어붙으면 소량의 물(분량 외)을 넣어 바닥에 붙은 것을 긁어내기를 반복해서, 전체적으로 갈색이 될 때까지 볶는다.

③ 브레제 국물 만들기
②에 화이트 와인을 넣어 한소끔 끓이고, 분량의 물, 소금 1/2 작은술, 후추, 버터를 넣고 가볍게 섞는다.

④ 양파를 넣고, 뚜껑을 닫아 찌기
통양파를 넣고, 끓으면 뚜껑을 닫은 채 약불로 20~30분 찐다. 중간에 1~2번 정도 확인해서, 졸아들어 탈 것 같으면 적당량의 물을 추가한다. 양파에 나무 꼬치가 부드럽게 쑥 들어가면 꺼내어 그릇에 담는다.

⑤ 브레제 국물을 졸여 마무리하기
냄비에 남은 브레제 국물은 뚜껑을 닫지 않고 중불로 졸이고, 소금과 후추로 간을 맞춰 양파에 끼얹는다.

Point
양파가 이 정도 색이 될 때까지
천천히 볶는다(왼쪽).
갈색이 될 때까지 볶은 양파에
통양파를 얹고 뚜껑을 덮어 푹 찐다(오른쪽).

참마 브레제, 레드 와인 소스
Igname braisé au vin rouge

참마를 익히면 날것과는 다른 식감을 즐길 수 있습니다.
양파, 표고버섯, 베이컨을 감칠맛을 더하는 재료로 사용하고,
여기에 레드 와인과 소량의 데미그라스 소스를 더해 깊은 풍미가 배가됩니다.

재료 (2~3인분)
참마 … 250g
양파 … ½개
표고버섯 … 2개
베이컨 (블록) … 50g
버터 … 10g
레드 와인 … 1컵
데미그라스 소스 (시판) … 50g
타임 … 조금
월계수 … 1장
소금, 후추 … 각각 적당량
이탈리안 파슬리 … 취향껏

❶ 재료 준비
참마는 큼지막하게 마구썰기를 한다. 양파는 잘게 다지고, 표고버섯은 밑동을 잘라내고 얇게 썬다. 베이컨은 7mm 정도 두께의 막대 모양으로 썬다.

❷ 채소를 볶고, 브레제 국물 만들기
냄비에 버터를 넣고 약한 중불로 가열해서, 거품이 생기기 시작하면 양파, 베이컨, 표고버섯을 넣고 볶는다. 3분 정도 볶은 뒤, 레드 와인, 데미그라스 소스, 타임, 월계수, 소금 ½작은술, 후추를 넣고 가볍게 섞는다.

❸ 참마를 넣고, 뚜껑을 닫아 찌기
참마를 넣고 강불로 가열하다가, 끓으면 뚜껑을 닫고 약불로 10~15분 찐다. 중간에 1~2번 정도 확인해서, 졸아들어 탈 것 같으면 적당량의 물을 추가한다. 참마가 부드러워지면 꺼내서 그릇에 담는다.

❹ 브레제 국물을 졸여 마무리하기
냄비에 남은 브레제 국물은 뚜껑을 닫지 않고 중불로 졸이고, 적당히 걸쭉해지면 소금과 후추로 간을 맞춰 참마에 끼얹는다. 취향에 따라 이탈리안 파슬리를 올린다.

column 3
「브레제」가 있는 식탁
손님 접대

브레제는 덩어리 고기를 찌는 데 적당하고, 소스도 동시에 만들 수 있는 조리법이기에 접대 요리로 큰 활약을 합니다. 오렌지 과즙과 껍질을 넣은 브레제 국물로 고기를 찌고, 그 국물을 소스로 활용했습니다. 매우 세련되지만, 실제로는 그리 많은 수고가 들지 않아 너무 좋아요. 여기서는 에튀베로 만든 채소를 곁들였지만, 어린잎 등을 곁들여도 좋아요. 간단한 샐러드와 딥을 함께 차리면 고급스러운 손님 접대용 요리가 완성됩니다.

Menu
오리 로스 오렌지 브레제
양송이버섯 샐러드
고등어 통조림과 크림치즈 딥

오리 로스 오렌지 브레제
Magret de canard à l'orange

재료 (2~3인분)
오리고기 … 1덩어리 (300g)
오렌지 껍질 … ½개분
A
│ 소금, 후추 … 각각 조금

식용유 … 1작은술
설탕, 레드 와인 비네거 … 각각 1큰술
물 … ½큰술
오렌지 과즙 … 1컵
소금, 후추 … 각각 적당량
버터 … 15g
흰색 채소 에튀베 (P.060) … 전량

❶ 재료 준비
오리고기는 껍질에 격자무늬로 칼집을 넣고, A를 골고루 문지른다. 오렌지 껍질은 얇게 벗겨 가늘게 채 썬다. 작은 냄비에 오렌지 껍질, 물 적당량(분량 외)을 넣고 중불로 3분간 데쳐 물기를 뺀다.

❷ 고기 굽기
무쇠 냄비나 혹은 스테인리스 냄비에 식용유를 넣고 달군 뒤, 오리고기의 껍질이 아래로 가게 넣고 강한 중불로 30초간 굽는다. 껍질 면이 노릇하게 구워지면 뒤집어, 고기 면도 가볍게 굽고 꺼낸다.

❸ 브레제 국물 만들기
②의 냄비에 남은 여분의 기름기를 키친 타월로 눌러 제거하고, 설탕과 분량의 물을 넣고 중불로 가열한다. 가끔 저어가며 갈색빛이 나고 캐러멜화될 때까지 끓인 다음, 불을 끄고 레드 와인 비네거를 넣는다. 전체를 섞은 뒤 오렌지 과즙을 추가하고, 다시 중불로 가열해서 캐러멜이 녹을 때까지 저어가며 익힌다.

❹ 고기를 다시 넣고, 뚜껑을 닫아 찌기
③에 오렌지 껍질, ②의 오리고기를 넣고 강불로 가열하다가, 끓으면 뚜껑을 닫고 중불로 찐다. 3분 정도 있다가 오리고기를 뒤집고, 다시 뚜껑을 닫아 3분 정도 더 찐다. 오리고기 가운데를 쇠 꼬치로 찔러 따뜻해졌으면, 오리고기를 꺼내 알루미늄 포일에 싸서 6분 정도 둔다.

❺ 브레제 국물을 졸여 마무리하기
냄비에 남은 브레제 국물은 뚜껑을 닫지 않고 중불로 졸이고, 적당히 졸아들면 소금과 후추로 간을 맞춘다. 불을 끄고, 버터를 넣어 저으면서 녹인다. ④의 오리고기를 썰어 그릇에 담고 소스를 뿌린 다음에, 흰색 채소 에튀베를 곁들인다.

양송이버섯 샐러드
Salade de champignon de paris

재료 (2~3인분)
양송이버섯 (단단한 것) … 2팩

【 파슬리 비네그레트 소스 】
레드 와인 비네거 … 2작은술
프렌치 머스터드 … ½작은술
소금, 후추 … 적당량
식용유 … 1½큰술
파슬리 (다진 것) … 1작은술

① 재료 준비
양송이버섯은 물로 잘 씻어 밑동을 잘라내고, 5mm 두께로 썬다.

② 소스 만들기
큼지막한 볼에 레드 와인 비네거, 머스터드, 소금, 후추를 넣어 잘 섞는다. 소금이 녹으면 식용유를 조금씩 넣으면서 잘 저어 유화시키고, 마지막에 파슬리를 넣는다.

③ 버무리기
②에 ①을 넣고 버무린다.

고등어 통조림과 크림치즈 딥
Rillettes de maquereau

재료 (만들기 쉬운 분량)
고등어 통조림 … 1캔 (200g)
크림치즈 … 작은 것 2개 (약 40g)
소금, 후추 … 각각 적당량
프랑스 빵 … 적당량
채소 (순무, 셀러리 등) … 적당량

① 재료 준비
크림치즈는 상온에 둬서 부드러워지게 한다. 고등어 통조림은 국물기를 제거한다.

② 마무리
볼에 크림치즈, 고등어 통조림을 넣어 포크 등으로 으깨면서 섞은 뒤, 소금과 후추로 간을 맞춘다. 프랑스 빵이나 채소에 발라 먹는다.

재료별 INDEX

※ 양념으로 사용하는 양파, 마늘 등은 제외했습니다.

육류·육류 가공품

- 오리고기
  오리 로스 오렌지 브레제 ... P. 122
- 소고기
  아보카도 소고기말이 찜 ... P. 044
  아시아풍의 소고기와 연근 에튀베 ... P. 076
  소고기 사태 브레제 ... P. 102
- 닭고기
  닭다리살과 채소 바푀르, 바질 소스 ... P. 036
  닭가슴살 바푀르, 셀러리 버터 소스 ... P. 038
  아로마 닭고기 셀러드, 허브 마요네즈 소스 ... P. 042
  버섯과 닭고기, 보리 에튀베 ... P. 072
  세이지 버터 풍미의 병아리콩과 닭고기 윙 에튀베 ... P. 080
  타진풍의 닭 날개 봉과 양파, 셀러리, 토마토 브레제 ... P. 092
  뼈 있는 닭다리살과 밤 브레제 ... P. 094
  버섯과 호두가 들어간 치킨 롤 ... P. 096
- 다짐육
  고기 완자 바푀르 ... P. 046
  다진 고기 불레트, 파프리카 토마토소스 ... P. 100
  카술레풍의 세르 아 소시스 ... P. 106
- 돼지고기
  반미 풍미의 얇게 썬 돼지고기 찜 ... P. 040
  고기 완자 바푀르 ... P. 046
  라비올리 시누아, 재스민차 소스 ... P. 048
  돼지고기 소금 절임 바푀르, 라비고트 소스 ... P. 052
  사워크림을 곁들인 사과와 돼지고기 에튀베 ... P. 074
  돼지 목심과 채소 브레제 ... P. 090
  얇게 썬 돼지고기 배추말이 ... P. 098
  스페어립과 감자 밀크 브레제 ... P. 103
  무와 돼지 삼겹살 브레제 ... P. 112
- 베이컨
  베이컨을 곁들인 매시 포테이토 ... P. 033
  얇게 썬 돼지고기 배추말이 ... P. 098
  참마 브레제, 레드 와인 소스 ... P. 120
- 로스트비프
  로스트비프 타르타르 ... P. 082

해산물·해산물 가공품

- 바지락
  감자와 바지락, 드라이 토마토 에튀베 ... P. 068
- 새우
  새우와 아스파라거스 바푀르, 아이올리 소스 ... P. 014
  양상추, 셀러리와 새우 에튀베 ... P. 082
- 굴
  굴 바푀르, 블루치즈 소스 ... P. 016
- 연어
  연어 미 퀴, 요구르트 소스 ... P. 018
  연어와 양송이버섯, 대파가 들어간 밀크 브레제 ... P. 108
- 고등어 통조림
  고등어 통조림과 크림치즈 딥 ... P. 122
- 삼치
  삼치 바푀르, 에스닉 소스 ... P. 024
  삼치와 채소 비네거 브레제 ... P. 110
- 도미
  종이말이 도미찜, 드라이 토마토 & 올리브, 케이퍼 ... P. 022
  유채와 죽순, 도미 에튀베 ... P. 070
- 대구
  대구 바푀르, 토마토 레몬 오일 소스 ... P. 019

채소

- 아스파라거스
  새우와 아스파라거스 바푀르, 아이올리 소스 ... P. 014
  녹색 채소와 양파, 파슬리 비네그레트 샐러드 ... P. 026
- 순무
  녹색 채소 에튀베 ... P. 062
  채소 페이잔 ... P. 078
- 콜리플라워
  콜리플라워와 방울양배추 치즈 퐁듀 ... P. 032
  흰색 채소 에튀베 ... P. 060
- 양배추
  양배추 샐러드, 앤초비 드레싱 ... P. 029
  콜리플라워와 방울양배추 치즈 퐁듀 ... P. 032
  채소 페이잔 ... P. 078
  적양배추와 사과 브레제 ... P. 114
- 소송채
  소송채찜, 커민 오일 ... P. 028
- 껍질콩
  닭다리살과 채소 바푀르, 바질 소스 ... P. 036
- 고수
  반미 풍미의 얇게 썬 돼지고기 찜 ... P. 040
  고기 완자 바푀르 ... P. 046
- 주키니
  미네스트로네 ... P. 052
- 스냅콩
  녹색 채소와 양파, 파슬리 비네그레트 샐러드 ... P. 026
  녹색 채소 에튀베 ... P. 062
- 셀러리
  닭가슴살 바푀르, 셀러리 버터 소스 ... P. 038
  미네스트로네 ... P. 052
  셀러리 커민 오일 에튀베 ... P. 065
  채소 페이잔 ... P. 078
  양상추, 셀러리와 새우 에튀베 ... P. 082
  돼지 목심과 채소 브레제 ... P. 090
  타진풍의 닭 날개 봉과 양파, 셀러리, 토마토 브레제 ... P. 092
  소고기 사태 브레제 ... P. 102
  카술레풍의 세르 아 소시스 ... P. 106
  삼치와 채소 비네거 브레제 ... P. 110
  적양배추와 사과 브레제 ... P. 114
  당근과 셀러리 크림 브레제 ... P. 116
- 누에콩
  치즈 풍미의 누에콩 찜 ... P. 029
- 무
  반미 풍미의 얇게 썬 돼지고기 찜 ... P. 040
  무와 돼지 삼겹살 브레제 ... P. 112
- 죽순
  유채와 죽순, 도미 에튀베 ... P. 070
- 양파
  녹색 채소와 양파, 파슬리 비네그레트 샐러드 ... P. 026

미네스트로네 ... P. 052
아시아풍의 소고기와 연근 에튀베 ... P. 076
채소 페이잔 ... P. 078
돼지 목심과 채소 브레제 ... P. 090
타진풍의 닭 날개 봉과 양파, 셀러리, 토마토 브레제 ... P. 092
뼈 있는 닭다리살과 밤 브레제 ... P. 094
버섯과 호두가 들어간 치킨 롤 ... P. 096
소고기 사태 브레제 ... P. 102
스페어립과 감자 밀크 브레제 ... P. 103
통양파 어니언 소스 ... P. 118

● 토마토
미네스트로네 ... P. 052
채소 페이잔 ... P. 078
방울토마토 피클 ... P. 082
타진풍의 닭 날개 봉과 양파, 셀러리, 토마토 브레제 ... P. 092
다진 고기 룰레트, 파프리카 토마토소스 ... P. 100
카술레풍의 세르 아 소시스 ... P. 106

● 가지
빵을 곁들인 가지 캐비어 ... P. 033

● 유채
유채와 죽순, 도미 에튀베 ... P. 070

● 당근
반미 풍미의 얇게 썬 돼지고기 찜 ... P. 040
미네스트로네 ... P. 052
돼지 목심과 채소 브레제 ... P. 090
소고기 사태 브레제 ... P. 102
카술레풍의 세르 아 소시스 ... P. 106
삼치와 채소 비네거 브레제 ... P. 110
당근과 셀러리 크림 브레제 ... P. 116

● 대파
대파찜, 비네그레트 소스 ... P. 028
흰색 채소 에튀베 ... P. 060
연어와 양송이버섯, 대파가 들어간 밀크 브레제 ... P. 108
무와 돼지 삼겹살 브레제 ... P. 112

● 배추
배추 버터 에튀베 ... P. 064
얇게 썬 돼지고기 배추말이 ... P. 098

● 피망·파프리카
파프리카 오일 비네거 에튀베 ... P. 065
다진 고기 룰레트, 파프리카 토마토소스 ... P. 100

● 브로콜리
녹색 채소 에튀베 ... P. 062

● 어린잎채소
심플 그린 샐러드 ... P. 052

● 시금치
시금치 에튀베 ... P. 064

● 양상추
양상추, 셀러리와 새우 에튀베 ... P. 082

● 연근
고기 완자 바푀르 ... P. 046
흰색 채소 에튀베 ... P. 060
아시아풍의 소고기와 연근 에튀베 ... P. 076

버섯류

● 표고버섯
라비올리 시누아, 재스민차 소스 ... P. 048

버섯과 닭고기, 보리 에튀베 ... P. 072
참마 브레제, 레드 와인 소스 ... P. 120

● 만가닥버섯
버섯과 닭고기, 보리 에튀베 ... P. 072
버섯과 감자 치즈 에튀베 ... P. 082
버섯과 호두가 들어간 치킨 롤 ... P. 096

● 양송이버섯
버섯과 닭고기, 보리 에튀베 ... P. 072
버섯과 감자 치즈 에튀베 ... P. 082
뼈 있는 닭다리살과 밤 브레제 ... P. 094
연어와 양송이버섯, 대파가 들어간 밀크 브레제 ... P. 108
양송이버섯 샐러드 ... P. 122

감자류

● 고구마
타임 풍미의 고구마 오렌지 샐러드 ... P. 032

● 감자
베이컨을 곁들인 매시 포테이토 ... P. 033
닭다리살과 채소 바푀르, 바질 소스 ... P. 036
흰색 채소 에튀베 ... P. 060
감자와 바지락, 드라이 토마토 에튀베 ... P. 068
버섯과 감자 치즈 에튀베 ... P. 082
스페어립과 감자 밀크 브레제 ... P. 103

● 참마
참마 브레제, 레드 와인 소스 ... P. 120

콩류

● 흰 강낭콩
카술레풍의 세르 아 소시스 ... P. 106

● 병아리콩
세이지 버터 풍미의 병아리콩과 닭고기 윙 에튀베 ... P. 080

달걀

우프·마요네즈 ... P. 050
우프·파르시 ... P. 050
달걀 코코트 찜 ... P. 051
로열 ... P. 051
채소 페이잔 ... P. 078

과일

● 아보카도
아보카도 소고기말이 찜 ... P. 044

● 단밤
뼈 있는 닭다리살과 밤 브레제 ... P. 094

● 오렌지
타임 풍미의 고구마 오렌지 샐러드 ... P. 032
오리 로스 오렌지 브레제 ... P. 122

● 사과
사워크림을 곁들인 사과와 돼지고기 에튀베 ... P. 074
적양배추와 사과 브레제 ... P. 114

곡물

● 빵
반미 풍미의 얇게 썬 돼지고기 찜 ... P. 040
채소 페이잔 ... P. 078

● 보리
버섯과 닭고기, 보리 에튀베 ... P. 072

FRANCEJIN NI OSOWARU 3SHU NO SHIN MUSHI RYORI
© 2019, Junko Ueda
Korean translation rights arranged with Seibundo Shinkosha Publishing Co., Ltd.
through Japan UNI Agency, Inc., Tokyo and Botong Agency, Gyeonggi-do

이 책의 한국어판 저작권은 Botong Agency를 통해 저작권자와 독점 계약한 윌컴퍼니가 소유합니다.
저작권법에 의하여 한국 내에서 보호를 받는 저작물이므로 무단전재와 무단복제를 금합니다.

Staff

촬영 · 新居明子
북디자인 · 福間優子
스타일링 · 花沢理恵
프랑스어 번역 · Adélaïde GRALL / Juli ROUMET
교정 · ヴェリタ
편집 · 飯村いずみ
프린팅 디렉션 · 山内 明(大日本印刷)
조리 어시스턴트 · 大溝睦子

건강한 요리, 우아한 식탁
프랑스 가정식 찜요리
영양과 감칠맛이 살아 있는 프랑스식 찜요리 65

초판 1쇄 발행 | 2025년 8월 27일
지은이 | 우에다 쥰코
옮긴이 | 김진아
펴낸곳 | 윌스타일
펴낸이 | 김화수
출판등록 | 제2019-000052호
전화 | 02-725-9597
팩스 | 02-725-0312
이메일 | willcompanybook@naver.com
ISBN | 979-11-85676-84-5 13590

* 잘못 만들어지거나 파손된 책은 구입하신 곳에서 바꿔드립니다.